Granatapfeltage

Karolin Kolbe, 1993 in Kassel geboren, denkt sich Geschichten aus, seitdem sie Kassetten aufnehmen und Buntstifte halten kann. Mit der Grundschulzeit begann das Aufschreiben und lässt sie nun nicht mehr los. Nach ihrem Abitur zog sie für ein Freiwilliges Ökologisches Jahr nach Berlin, wo sie nun studiert. Die Autorin liebt interessante Menschen, gute Gespräche, spannende Bücher und Filme, bunte Farben, blühende Natur und die Sonne.
www.karolin-kolbe.de

Weitere Titel von Karolin Kolbe:

Granatapfeltage – Wie alles begann (E-Book only)
17 Briefe oder der Tag, an dem ich verschwinden wollte
School's out – Jetzt fängt das Leben an!

Mehr über unsere Bücher, Autoren und Illustratoren auf:
www.planet-verlag.de

Karolin Kolbe

Granatapfeltage

Mein Roadtrip quer durch Spanien

PLANET!

*Mit großem Dank an
Tarabea, Bastie und Kaddi, die mir
ihre Geschichten aus einem für mich fast fremden
Land erzählt haben.*

1.

Das war er also.

Der Anfang.

Mein erster eigener Anfang.

Meine Füße schmerzen, die Schuhe, die ich heute Morgen ausgesucht habe, sind zu eng. Aber ich fühle mich glücklich. Zum ersten Mal denke ich, dass ich genau das mache, was ich kann, will und soll. Meine Entscheidung.

Ich stehe am Ufer des Flusses und schließe die Augen. Die Sonne hängt bereits tief am Himmel, die Luft ist klar und riecht nach Frühling. Ich atme tief ein.

Auf der Fahrt raus aus der Stadt haben wir wenig geredet. Das Glücksgefühl, dass Artjom trotz all der Missverständnisse doch noch mitkommt, hat meinen ganzen Tag bestimmt. Ich bin nicht allein. Wir sind zu zweit.

Grinsend stehe ich da, kann es mir nicht verkneifen und komme mir unfassbar kitschig vor.

Es dauerte überraschend lang, bis wir es raus aufs Land geschafft haben. Berlin ist eine wirklich große Stadt. Wenn man, wie ich, dort aufgewachsen ist, dann fühlt man das nicht immer. Heute weiß ich es.

Ich drehe mich um und sehe Artjom zu, wie er unser erstes Lager aufbaut. Wir haben den kleinen See zufällig gefunden, kaum aus der Stadt raus wirkt Brandenburg wie ein Urlaubsparadies, und weil ich doch merkte, dass das Radfahren mit viel Gepäck anstrengender ist als gedacht, haben wir beschlossen, schon jetzt, am späten Nachmittag, Rast zu machen.

Der Fluss ist wunderschön. Er schlängelt sich durch die hohe Wiese und ich denke an meine Eltern, an den Brief, den ich unten auf den Küchentisch gelegt habe. Sie versuchten heute mehrfach, mich auf dem Handy zu erreichen, doch ich wollte nicht mit ihnen reden. Sie würden verlangen, dass ich sofort umkehre, das furchtbare Lehramtspraktikum fortsetze und dann eine staubige Lehrerin werde, die zwar ein geregeltes Einkommen, aber absolut keine eigene Erfüllung mehr hat.

Nicht mit mir!

Mein Handy ist jetzt ausgeschaltet und ich versuche zu vergessen, wie vielen Verantwortungen ich mich mit meinem plötzlichen Aufbruch entzogen habe. Meine Eltern, mein Bruder, mein Praktikum, meine Zukunft?

Immerhin Sophie weiß Bescheid. Ich streiche über die vereinzelten Dreads in meinen Haaren und denke an den Tag, an dem meine beste Freundin sie mir gemacht hat. Da waren wir gefühlt noch so viel jünger. Jetzt ist sie schwanger und ich auf einer unwegsamen Fahrradreise nach Spanien.

Ich merke, dass meine Gedanken zu sehr ins Kreisen geraten, und versuche nur noch die Wolken zu sehen, die am Himmel Richtung Süden ziehen. Die Richtung, in die wir fahren.

Langsam werde ich hungrig und höre Artjom mit den Töpfen und dem Gaskocher hantieren.

Ich reiße mich vom Anblick des Himmels los und stapfe zu unserem Lager. Das hellgrüne Wurfzelt zu kaufen war eine gute Idee gewesen! So unkompliziert habe ich noch nie ein Zelt aufgebaut. Innerlich lobe ich mich für den klugen Einfall, bei diesen kleinen Komfortdingen nicht gespart zu haben.

Als ich hinter das Zelt trete, hockt Artjom am Boden und rührt in dem kleinen Topf. Es spritzt und riecht nach heißen Tomaten. Er blickt auf und sieht mich aus seinen dunklen Augen an. Der blaue Stein um seinen Hals hebt sich vom braunen T-Shirt ab, das er auf seinen schmalen Schultern trägt. Er lächelt.

»Nostalgisch?«, fragt er.

»Gar nicht«, sage ich.

»Du warst lange am Fluss. So lange, dass ich fast schon das gesamte Menü alleine zusammengestellt habe.«

Ich grinse und denke an unser erstes Treffen, als er mir ein fulminantes Herbstessen zubereitet hat, um mich kennenzulernen, während ich versucht habe, ihm zu verstehen zu geben, dass ich absolut kein Interesse an ihm habe. Und jetzt bin ich hier gelandet: auf der aufregendsten Reise meines Lebens mit einem guten Freund, den ich vor Kurzem noch nicht einmal wirklich kennenlernen wollte.

Ich lasse mich neben ihm ins Gras fallen und linse in den Topf.

»Das bist du doch gewohnt«, sage ich und atme den Duft ein. »Darf ich raten?«

»Bitte, bitte!«

»Dosenravioli.«

Er legt den Löffel aus der Hand und applaudiert. »Sag ich doch: ein absolutes Festmahl.«

Ich kichere und komme mir schon wieder selten dämlich dabei vor. Schnell lasse ich aus dem Kichern ein Husten werden und beeile mich, »Riecht gut« zu sagen.

Er guckt mich mit schräg gelegtem Kopf an, doch

ich wende den Blick ab. Nicht dass ich irgendwelche falschen Signale sende!

»Nur um das noch mal klarzustellen …«, beginne ich und reiße einen Grashalm neben dem Gaskocher aus.

»… du willst nichts von mir, wir sind Freunde, eine zweckmäßige Reisegemeinschaft und das wird sich auf keinen Fall ändern«, beendet er meinen Satz.

Ich gucke ihn ein wenig verdutzt an. So direkt hat er meinen Wunsch selten formuliert.

»Ja …«, erwidere ich, »… genau.«

Ich reiße einen zweiten Grashalm raus.

»Immer noch wegen Lukas?«, fragt Artjom und rührt weiter in der roten Soße.

»Ist doch egal«, sage ich, eine Spur zu ruppig vielleicht. Ich weiß nicht, woher das kommt, aber es ist mir peinlich, über Gefühle zu reden. Außer mit Sophie. Mit Sophie rede ich über absolut alles.

»Hör zu, du musst endlich aufhören, an ihn zu denken …«, beginnt Artjom, doch ich unterbreche ihn.

»Das geht dich nichts an, in Ordnung? Lass uns das Thema wechseln, sonst artet dieses Gespräch noch in einen Streit aus.«

Eine große Blase steigt im Topf auf. Als sie platzt, riecht es nach Oregano und Käse.

»Na gut, dann ein anderes Mal«, sagt Artjom und greift nach zwei tiefen Tellern hinter sich.

»Meine liebe Greta«, er schüttet den Inhalt des Topfes in beide Teller, die rote Suppe schwappt ein wenig den Rand hoch, »es ist angerichtet.«

2.

Der erste Abend ist so, wie ich es mir vorgestellt habe: Wir sitzen mit Campingbechern voll heißem Tee vor dem Zelt und starren in den Himmel. Die Spanienkarte ist vor uns ausgebreitet, sie wölbt sich über dem langen Gras, doch die gemeinsam eingezeichnete Route können wir erkennen. Jetzt, nach dem ersten Tag, bin ich unsicher, wie schnell wir sein werden. Brauchen wir Tage, Wochen, Monate?

Der Tee in meiner Hand dampft, während ich mir die Route ansehe. Wir müssen ganz Frankreich durchfahren, wir wissen nicht, wie die Wege sein werden. Schon im Vorhinein hatten wir beschlossen, an einigen Stellen, wie den Pyrenäen, ein Stück mit dem Zug oder dem Reisebus abzukürzen. Und trotzdem merke ich, dass mein überschwänglicher, optimistischer, fluchtartiger Plan doch etwas naiv war.

Wir brauchen mehr als nur einen Helm, ein Zelt und Proviant. Wir brauchen Durchhaltevermögen, Glück und Zeit.

Vorsichtig puste ich über meine Tasse, mein Atem trägt den Dampf in die Nacht. Ich bemerke, wie Artjom mich ansieht. Als ich ihm in die Augen blicke, schlürft er hastig Tee aus seiner Tasse und verbrennt sich die Kehle. Während er fluchend aufspringt und nach der Wasserflasche greift, streiche ich den Faltplan glatt.

Artjom hustet, trinkt einen großen Schluck Wasser und fragt dann mit schwacher Stimme: »Was ist los?«

Ich schaue auf und zucke mit den Schultern.

»Gerade bin ich so unsicher mit allem.«

»Was meinst du?«

Wieder ziehe ich die Schultern hoch. Meine eigenen Wiederholungen stören mich. »Wir sind erst einen Tag unterwegs und gerade mal draußen in Brandenburg gelandet«, meine ich und deute mit meinem Kopf auf die eingezeichnete Route.

»Aber das war doch zu erwarten! Wolltest du heute etwa bis zur französischen Grenze radeln?«

Ich ignoriere seinen Einwand.

»Ich will das schaffen, weißt du? Muss es allen beweisen, die ich jetzt wegen der Reise zurückgelassen habe: Meine Eltern sollen merken, dass ich erwachsen bin und eigene Entscheidungen treffen kann. Lukas soll wissen, dass ich nicht nur mit ihm reisen kann, sondern …«

»… auch mit mir, einem anderen Kerl?«

»Ach Quatsch, das meine ich nicht.«

Ich trinke einen Schluck Tee.

»Er soll merken, dass ich ihn nicht mehr brauche. Für nichts. Dass ich allein sein kann.«

»Du bist aber nicht allein.«

Er hat recht.

»Dass ich ohne *ihn* sein kann«, verbessere ich mich. »Und Sophie soll stolz auf mich sein können. Ich will, dass sie merkt, dass ich alles schaffe, was ich mir vornehme. Sie war immer die Starke von uns, die kleine, zierliche, blonde Sophie. Ich will, dass sie sieht, dass ich auch stark für *sie* sein kann.«

Artjom nickt und setzt sich wieder. »Du hast dir ziemlich viel vorgenommen.«

»Hab ich das?« Ich blicke ihn zweifelnd an. »Am wichtigsten ist mir Sophie.«

»Weil sie schwanger ist?«

»Auch. Sie soll sehen, dass sie sich auf mich verlassen kann, dass ich durchziehe, was ich mir vornehme. Dass ich auch bei dem Kind für sie da bin.«

Er rückt ein Stück näher an mich heran und streicht mir kurz über den Rücken. Als ich zusammenzucke, legt er seine Hand hinter mir auf dem Gras ab.

»Hat sie Markus inzwischen etwas gesagt?«

»Nein, hat sie nicht.« Ich denke nach. »Sie will es

notfalls auch allein hinkriegen. Sie muss diesen Gedanken erst mal vollkommen verinnerlichen, ehe sie ihm davon erzählen wird.«

Artjom blickt auf die Fahrradkarte.

»Aber wir haben doch Zeit«, meint er. »Das ist ja gerade das Tolle: Wir haben Zeit.«

Ich schüttle den Kopf. »Bei mir stimmt das leider nicht mehr«, sage ich. »Zuerst dachte ich, ich hätte Zeit, aber ich habe Sophie versprochen, für sie da zu sein und nicht zu lange fortzubleiben.«

»Aber sie wollte doch, dass du fährst!«

»Ja, aber ich will sie nicht ewig allein lassen. Das kann ich nicht.«

Wir blicken beide in unsere Tassen.

Artjom trinkt, dieses Mal ohne sich zu verbrennen.

Der Himmel ist inzwischen dunkelblau geworden und ich merke, dass ich müde bin.

»Möchtest du schlafen?«, fragt Artjom sofort und ich nicke.

Während er das Geschirr wegräumt, falte ich die Karte zusammen und lege sie ins Zelt.

Ehe ich selbst hineinkrieche, sehe ich hoch zu den Sternen. Die Sterne, die über Berlin und über Spanien die gleichen sind.

In der ersten Nacht träume ich viel wirres Zeug. Artjom kommt darin vor und unsere erste Begegnung vor ein paar Monaten, als er mir die Luft aus dem Reifen ließ, um mir eine Luftpumpe leihen zu können. Im Traum versucht er mich auch kennenzulernen, doch ich renne dieses Mal weg auf eine Wiese, die plötzlich erscheint, Sherlock, unser Familienhund, tanzt dort im grünen Gras gemeinsam mit Sophie, die einen riesigen Bauch vor sich trägt, Flamenco. Ich blicke auf meine Beine und trage meine selbst genähte Stoffhose mit dem Granatapfelfleck. Meine Zehen zerreißen Fotos von Lukas.

Als das alles zu seltsam wird, wache ich auf und starre gegen die Zeltwand. Ich brauche einen Moment, um mich zu orientieren. Dann fällt es mir ein: Ich habe die Reise begonnen. Ein warmes Gefühl breitet sich in meinem Bauch aus. Trotz der Sorgen am Abend ein warmes Gefühl. Das beruhigt mich. Ich hatte schon Angst, dass meine Zweifel überhandnehmen würden.

Erst dann bemerke ich den Arm um meine Hüften und es durchfährt mich heiß. Ob Artjom gemerkt hat, dass er mich plötzlich festhält? Vorsichtig rutsche ich in meinem Schlafsack nach vorne. Er grunzt. Jetzt bin ich hellwach. Ich beginne, seine Finger einzeln von meiner Hüfte zu lösen, ohne ihn dabei aufzuwecken. Als ich endlich den letzten Finger von mir schiebe, gräbt er erneut seine Hand in meinen Schlafsackstoff.

Ich denke an Lukas und versuche mir den Gedanken an ihn aus dem Kopf zu schlagen. Artjom hat recht. Ich muss akzeptieren, dass es vorbei ist.

Was nicht heißt, dass ich gleich Artjoms Hände auf meinem Körper gebrauchen kann! Für mich ist es klar: Wir sind Freunde. Wir reisen zusammen. Ich mag ihn sehr. Mehr nicht.

Nach zwei weiteren Versuchen habe ich es endlich geschafft und lege mich mit dem Kopf auf die andere Seite, damit er höchstens noch meine Beine umarmen kann. Leider liegt mein Kopf jetzt etwas abschüssig, doch das ist nicht zu ändern. Ich warte eine Weile, aber der Schlaf kommt nicht. Je mehr ich mich zwinge zu schlafen, desto wacher werde ich. In dem Moment, in dem ich akzeptiert habe, dass ich heute Nacht kein Auge mehr zutun und stattdessen Artjom beim Atmen zuhören werde, merke ich, dass meine Lider schwer und mein Kopf weich werden.

Mir wird bewusst, dass ich eingeschlafen sein muss, als ich am nächsten Morgen von der stickigen Hitze im Zelt geweckt werde.

»Guten Morgen, liebe Greta«, ruft Artjom mit schiefem Lächeln, als ich meinen zerzausten Kopf aus dem Zelt schiebe. Sein dunkles Haar ist nass, offenbar hat er im Fluss gebadet. Ich fühle mich klebrig und erhitzt, aber erstaunlich ausgeschlafen. Der blaue Himmel erstreckt sich wolkenlos über dem Fluss und dem angrenzenden Waldstück und als mir der Geruch von Kaffee in die Nase steigt, krieche ich hinaus. Auf allen vieren krabble ich die wenigen Meter zu ihm und dem Campingkocher hinüber und bin nun wieder so überzeugt von unserer Tour, von unserer Gemeinschaft und von dem Weg, der vor uns liegt, dass ich ihn anstrahle und er mich leicht überrascht anblickt.

»Du hast wohl gut geschlafen«, meint er und gießt Milch in eine Tasse.

»Na ja«, grinse ich und warte, bis er Kaffee dazugibt.

»Koffeinhaltiges Heißgetränk?«, fragt er und ich nicke begeistert.

»Oh ja!«

»Ich wusste nicht, dass man dich so leicht glücklich machen kann«, erwidert Artjom. »Dann habe ich hoffentlich noch eine weitere freudige Kleinigkeit für dich.«

Ich atme tief den Duft des Kaffees ein und setze mich auf die Decke, die er neben dem Gaskocher ausgebreitet hat.

»Und die wäre?«

»Schokomüsli mit frisch gehackten Walnüssen, optimiert mit Bananenscheiben.«

Ich nicke. »Das macht wirklich glücklich!« Und wieder denke ich, dass es aus mehr als einem Grund wunderbar ist, ihn bei mir zu haben.

Das Wetter ist am zweiten Tag noch schöner als am ersten und wir fahren kleine Radwanderwege entlang, grüßen entgegenkommende Gruppen und machen bei einem kleinen Café Rast, um ein Eis zu essen. Es kommt mir alles fast bilderbuchhaft paradiesisch vor.

Während ich meinen Löffel tief in der Sahne des Fruchtbechers versenke, spüre ich an meiner Hüfte mein Handy vibrieren.

»Du hast es wieder eingeschaltet?«, fragt Artjom und wischt sich Schokoladensoße von der Lippe. Die Soße hat die Farbe seiner Haare, wie mir auffällt.

»Darf's noch etwas sein?«, fragt die dickliche Kellnerin, die mit rundem Tablett und Blumenschürze vor den Bauch gespannt auf unseren Tisch zuwatschelt.

»Nein danke«, sage ich und ziehe mein Handy aus der Tasche.

Sie wendet sich zum Gehen, als Artjom ruft: »Einen frisch gepressten Orangensaft bitte!« Doch sie ist bereits bei einem ähnlich dicken Ehepaar mit Mops angekommen, die zwei Stücke Sahnetorte vor sich stehen haben und von ihr noch ein drittes verlangen.

Ich streiche meinen braunen Dread hinters Ohr und betrachte das Display.

»Meine Eltern«, sage ich und in meinem Bauch zieht sich alles zusammen. Die Sahne schmeckt plötzlich nicht mehr, das Eis ist zu kalt, die Melone zu matschig. Das Handy in meiner Hand vibriert erbarmungslos, aufdringlich und anklagend.

»Geh ran«, sagt Artjom.

»Was?«

»Sie sind deine Eltern.«

Ich lege das Telefon herausfordernd auf den Tisch. Die weiße Plastikplatte verstärkt das Geräusch um ein Vielfaches.

»Sie sind die Einzigen, die mir die Reise verboten haben.«

Artjom nickt.

»Du bist einfach gefahren, sie haben ein Recht, sich wenigstens keine Sorgen mehr machen zu müssen.«

Ich überlege.

Die Vibration hört auf. Entspannt lehne ich mich zurück.

»Jetzt ist es zu spät.«

Artjom isst einen weiteren Löffel Schokoladeneis.

»Sie werden es noch mal versuchen.«

Er behält recht. Kaum zwei Minuten später, gerade hatte ich wieder Gefallen an dem Geschmack des Eises gefunden, geht es von vorne los.

Ich atme tief durch, greife nach dem Gerät und nehme das Gespräch an.

»Margarethe, Herzchen, wo steckst du?!«, schreit meine Mutter panisch aus dem Hörer, sodass ich das Handy schnell vom Ohr weghalte.

»Alles gut«, sage ich beschwichtigend. »Ich habe doch geschrieben, dass ich auf eine Reise gehen werde.«

»Allein?! Margarethe, dort draußen gibt es Ganoven, Mörder und Vergewaltiger. Du kehrst sofort um und kommst zurück!«

»Nein, Mama.«

»Ich befehle es dir!«

Jetzt muss ich doch lachen, was meine Mutter zum Weinen bringt. Sofort höre ich auf.

»Wofür bestrafst du uns, Margarethe?«, schluchzt sie und jetzt bekomme ich ein wirklich schlechtes Gewissen.

Artjom winkt die dicke Kellnerin heran und bestellt seinen Orangensaft. Fleißig notiert sie alles auf einem kleinen Block und steckt ihn sich in die blumige Schürze.

Ich seufze. »Mama, ich bestrafe euch nicht. Ich muss nur einfach mal fort von zu Hause.«

»Aber es geht dir doch fantastisch bei uns!«

»...«

»Margarethe?!«

»Nein, Mama, das stimmt nicht.«

Jetzt schweigt meine Mutter. Sicher betrachtet sie entsetzt ihre perfekt manikürten Fingernägel. Ich habe das Gefühl, etwas sagen zu müssen.

»Mama, ihr entscheidet zu viel für mich. Ich wollte niemals ein Praktikum in der Schule machen, wollte weder Biologie noch Jura noch Politiklehramt noch sonst irgendetwas studieren, was ihr euch von mir wünscht. Ich will nicht mehr bei euch wohnen und jeden Tag zu hören bekommen, was ich falsch mache – das will ich einfach nicht mehr.«

Mein Atem geht schnell. Das Eis vor mir schmilzt

und vermischt sich mit der Sahne. Mein Kopf glüht. Ich habe mich bisher nie getraut, so mit meiner Mutter zu reden.

An der erneuten Pause merke ich, dass sie ähnlich perplex ist wie ich.

Artjom bekommt seinen Orangensaft und zieht heftig am Strohhalm, während er mich gespannt ansieht.

Dann höre ich meine Mutter »Bernd!« rufen, Sherlocks Bellen erklingt im Hintergrund.

Ich höre dumpfe Schritte, dann kurzes Rascheln und die Stimme meines Vaters.

»Greta ...«, murmelt er. »Ich kann verstehen, dass du jung bist und ausbrechen willst. Aber was soll ich denn dem Schuldirektor sagen, wenn du nicht mehr zum Praktikum erscheinst? Er ist schließlich mein Chef und es hat mich einige Mühe gekostet, so spontan mitten im Schuljahr einen Platz für dich zu ergattern.«

Fassungslos schüttle ich den Kopf.

»Ihr habt mich regelrecht gezwungen. Es tut mir leid, Papa, aber wie ihr da rauskommt, müsst ihr selber wissen.«

Wieder höre ich ein kurzes Rascheln, dann die Stimme meiner Mutter, die gefühlte zwei Oktaven höher klingt als gewöhnlich.

»Margarethe, hast du nicht gehört, was ich gesagt habe?! Du kommst sofort zurück, entschuldigst dich beim Schuldirektor und fängst im Sommer das Lehramtsstudium an!«

»Nein.«

»Du willst erwachsen sein, bist aber störrischer als ein Esel. Ein richtig bockiges Kind!«

Wieder lache ich. So viele Tiervergleiche. Langsam vergnügt mich dieses Telefonat. Ich schiebe mir einen Löffel geschmolzenes Eis zwischen die Lippen und schmatze laut. Mein Mund ist schon ganz klebrig vom Zucker.

»Ich bin volljährig und will einfach nicht mehr das tun, was ihr mir vorschreibt.«

»Will nicht, will nicht … aber was willst du denn?!«

Ich denke nicht lange nach. »Frei sein.«

Jetzt schweigen wir beide wieder.

Artjom hat seinen Saft fast geleert und nickt bestätigend. Er klatscht lautlos in die Hände und reckt eine Faust in die Luft.

»Mama, ich beende unser Telefonat jetzt. Es wird mir gut gehen und ich kann euch ab und zu eine Postkarte schreiben.«

Ich höre, wie sie Luft holt, um etwas zu sagen und drücke schnell auf den roten Hörer.

»Puh!«, stoße ich aus und lasse mich in das spießige Plastikgestühl zurücksinken.

»Es war das erste Mal, dass du ehrlich zu deinen Eltern warst, oder?«

Ich nicke.

»Und wie war's?«

»Es fühlt sich unglaublich gut an. Auf Augenhöhe.«

Artjom grinst. »Du kannst richtig stolz auf dich sein.«

»Das bin ich auch«, erwidere ich ohne nachzudenken und kratze die Reste aus meinem Eisbecher. Dann schalte ich mein Handy aus. »Lass uns in der nächsten Stadt eine neue SIM-Karte für mich kaufen.«

»Gute Idee.«

»Nur du und Sophie bekommen die Nummer.«

Ich stecke das Handy weg und merke, wie sich eine Erleichterung in mir breitmacht, die sich seit Jahren nicht entfalten konnte.

Artjom schlägt den Faltplan auf und legt einen Finger auf eine klein gedruckte Zeile.

»Ich habe bei den Getränken sogar Granatapfelsaft gefunden.«

»Was?!« Ich denke wieder an den Tag, an dem er mir die Luft aus dem Reifen gelassen hat, den Tag, von dem ich geträumt habe. Kurz vorher hatte ich den bunten Stoff mit Granatapfelsaft bekleckert, aus dem Sophie mir dann meine Lieblingshose genäht hat. Ich trage sie jetzt. Sie ist meine Glückshose und Artjom weiß das.

»Zur Feier des Tages lade ich dich ein!«

Das Ehepaar neben uns bekommt das vierte Stück Sahnetorte, die Frau verfüttert die Hälfte mit der Gabel an den Mops. Schwarzwälderkirsch, tippe ich. Der Mops grunzt zufrieden und leckt Sahne und Schokostreusel von dem feisten Finger der Frau.

Artjom bestellt einen Saft und kurz darauf wird er vor mir abgestellt, rot und leuchtend und wunderbar.

Als ich den ersten Schluck trinke, strömt mir der säuerlich-süße Geschmack wie flüssiges Glück die Kehle hinunter. Ich schließe genießerisch die Augen und lecke mir über die Lippen.

»Ein Granatapfeltag«, murmle ich, »ein echter einzigartiger Granatapfeltag.«

4.

Beim Weiterfahren merke ich, wie wichtig das kurze Telefonat für mich war. Meine Zweifel sind wie weggeblasen, ich genieße den Wind in den Haaren, das Gewicht der Taschen auf meinem Gepäckträger, die Sonne, die mich blinzeln lässt, den Anblick von Artjom, der mit der Karte am Lenker einen Meter vor mir fährt, und den Gedanken, dass alles gut werden wird, egal wohin uns die Reise führt und wie lange sie dauert.

Als wir an einem kleinen Campingplatz vorbeifahren, ist es schon fast Abend. Wir beschließen, die Nacht dort zu verbringen. Ich muss unbedingt duschen!

Das Wurfzelt ist, wie am Abend zuvor, sofort bezugsfertig und ich packe die Fahrradtaschen ans Fußende der Schlafsäcke.

»Sophie bekommt jetzt eine SMS mit der neuen Nummer«, rufe ich Artjom zu, der bereits den Gaskocher aufbaut.

Meine Eltern werden bis auf ein paar Postkarten in nächster Zeit wohl nichts von mir hören.

Ein Wohnmobil fährt über den hügeligen Boden an unserer Schlafstelle vorbei. Es kommt mir so vor, als seien wir die Einzigen auf dem Campingplatz, die so früh im Jahr und unter der Woche mit dem Zelt übernachten. Die große Fläche des Platzes ist nur spärlich von Wohnmobilen und fest installierten Dauercampern besetzt und außer uns scheinen ausschließlich Rentner mit ihren Hunden und ihrem Grill hier zu sein.

»Linsensuppe oder Reiseintopf?«, ruft Artjom mir zu, während ich in einer Packtasche nach einem Handtuch wühle.

Ich betrachte die Dosen, die er in die Höhe hebt.

»Linsensuppe«, antworte ich, dann mache ich mich auf den Weg zu den Duschen.

In dieser Nacht merke ich wieder, wie sich irgendwann Artjoms Arm um mich legt. Er atmet regelmäßig, als schliefe er tief. Ich bewege mich nicht. Versuche nicht zu denken. Mein Tag war granatapfelsüß. Ich lasse das warme Gefühl in meinem Bauch zu und beschließe einzuschlafen. Im Gegensatz zur letzten Nacht gelingt es auch. Der Arm bleibt liegen. Vorerst.

Der nächste Morgen beginnt ernüchternd. Der Regen prasselt laut aufs Zeltdach, sodass ich schon gegen fünf Uhr aufwache. Vollkommen verschlafen bemerke ich, dass Artjom mich noch immer im Arm hält, und jetzt bin ich froh darum, denn die Kälte ist von draußen ins Zelt gekrochen und lässt mich frösteln. So bleibe ich ein paar Stunden in dämmrigem Halbschlaf liegen, bis Artjom aufwacht und wir beschließen, sofort weiterzuziehen. Der Himmel ist wolkenverhangen und es regnet so stark, dass wir den Gaskocher nicht richtig entzünden können. Genervt entscheiden wir uns dafür, beim Campingplatzkiosk einen überteuerten Kaffee und Croissants zu kaufen, die nicht nur klein sind, sondern auch nach Pappe mit Butter schmecken. Ich würge meins hinunter, schließlich habe ich fast drei Euro dafür bezahlt, und packe, so schnell es mir möglich ist, meine Sachen in die Taschen.

»Wie machen wir es mit dem Zelt?«, frage ich Artjom und streiche über die nasse Außenhaut, von der in langen Schnüren Tropfen abperlen und Richtung Boden rollen.

Artjom zieht sich eine Kapuze über das durchnässte Haar und meint: »Trocken kriegen wir es ja nicht mehr. Wenn die Sonne doch einmal rauskommt, müssen wir Pause machen und es aufstellen.«

Eine bessere Idee habe ich auch nicht. Schwer bepackt begeben wir uns wieder auf den Weg.

Artjom fährt vor, ich bin froh darüber. Er hat den eindeutig besseren Orientierungssinn von uns beiden. Ich lasse mich ein paar Meter zurückfallen, damit er nicht hört, wie schwer ich atme.

Das Wetter wird mit den Stunden nicht besser, ich friere und meine Hose fühlt sich an, als wäre ich einem See entstiegen.

Irgendwann bekomme ich das Gefühl, dass mein Gepäck aus Steinen besteht und ich mit einer so unfassbaren Anstrengung trete, die mich bald zum Anhalten zwingt.

Als Artjom bemerkt, dass ich absteige, dreht er sich um und kommt zurück.

»Mist!«, rufe ich, als ich den platten Hinterreifen sehe.

Artjom stellt sein Fahrrad ab und betrachtet den Reifen.

»Na dann«, seufzt er, »den müssen wir flicken.«

Der Regen trommelt auf unsere Köpfe und läuft uns in die Augen. Ich reibe sie mit der Faust, um wieder klar zu sehen.

Dann beginne ich, die Taschen vom Gepäckträger zu hieven und an den Rand des Radweges zu legen. Um uns breiten sich in unendlicher Weite Felder aus, zwischen vereinzelten Bäumen und Regen. Ich drehe mein Fahrrad um und stelle es auf den Sattel. Einen nassen Hintern habe ich ohnehin schon.

Das Hinterrad auszubauen ist noch leicht, den Mantel abzunehmen schon weniger. Artjom hilft mir, und als wir gemeinsam den Schlauch betrachten und die letzte Luft herausdrücken, hören wir es schon zischen. Ich führe ihn vorsichtig an meinen Lippen entlang und habe das Loch schnell gefunden.

»Hier ist es«, sage ich und markiere die Stelle mit einem Kugelschreiber, »das Wasserbad für den Schlauch können wir uns sparen.«

Artjom beginnt die Stelle aufzurauen und mit Vulkanisator einzureiben, ich suche den Mantel ab.

»Hier!«, rufe ich und ziehe einen kleinen Glassplitter aus dem harten Gummi. »Das wird es hoffentlich gewesen sein!«

Nachdem der Flicken aufgeklebt, Schlauch und Mantel wieder angebracht und mein Fahrrad umgedreht und bepackt ist, fahren wir weiter. Der Regen hat inzwischen einen Weg in meinen Nacken gefunden und ich beginne zu niesen.

Na toll!

Das nächste Dorf ist laut Schild noch zehn Kilometer entfernt und ich merke schon jetzt, dass ich völlig erledigt bin.

Wir schaffen es gerade mal eine halbe Stunde zu fahren, als plötzlich ein lauter Knall ertönt und ich ins Schlingern gerate. Laut schreiend fahre ich in einen kleinen Graben und falle vom Rad.

»Au!«, schreie ich und reibe mir den Ellbogen.

»Ist dir etwas passiert?«, ruft Artjom und ist mit wenigen Schritten bei mir.

»Alles gut«, murmle ich und reibe mir die Wange, mit der ich in einem Strauch Brennnesseln gelandet bin.

»Wie konnte denn das passieren?«, fragt Artjom und betrachtet mein Rad. »Dem Knall nach zu urteilen, muss der Schlauch ja regelrecht geplatzt sein.«

»Und was machen wir jetzt?«, frage ich und bleibe trotzig im feuchten Gras sitzen.

»Na, flicken wohl eher nicht«, entgegnet er und reicht mir seine regennasse Hand.

Ich ergreife sie und lasse mich von ihm hochziehen.

»Wir schieben ins nächste Dorf und suchen eine Werkstatt oder eine Tankstelle. Die muss es doch in jedem kleinen Kaff geben!«

5.

An diesem Tag lerne ich, dass es zumindest eine Werkstatt nicht in jedem kleinen Kaff gibt.

Als wir nach zwei weiteren Stunden im Nieselregen schiebend das Dorf erreichen, ist immerhin das Erste, was wir sehen, eine Tankstelle.

»Gott sei Dank«, grummle ich und merke, dass ich wieder etwas schneller werde. Nachdem wir die Putzstation erreicht haben, stellen wir die Fahrräder ab und sehen uns um. Außer zwei Zapfsäulen, dem Eimer Wasser mit Schwamm und Abzieher neben uns und einem winzigen Verkaufshäuschen scheint es nichts zu geben.

»Wartest du?«, frage ich Artjom, ziehe mir die Kapuze vom Kopf und gehe zur Eingangstür. Als ich dagegendrücke, ertönt ein leises Klingeln. Ich schleiche mich an Cola und Zeitschriften vorbei zum Verkaufsschalter, hinter dem ein älterer Mann mit grauem Haar und beachtlichem Bauch in einem *Playboy* blättert.

»Hm?«, grunzt er ohne aufzublicken.

»Entschuldigen Sie …«, setze ich vorsichtig an, »… gibt es hier die Möglichkeit, einen geplatzten Fahrradschlauch zu reparieren oder einen neuen zu kaufen?«

Er blickt kurz auf, sieht mich abschätzig an und blättert eine Seite weiter.

»Nee.«

»Nein?!«, frage ich perplex zurück.

»Na, sach ich doch.« Er greift nach einem Pappbecher und trinkt einen Schluck. Es riecht nach Kaffee.

»Nun ja … und sonst einen Laden mit Werkzeugen oder eine Autowerkstatt?«

»Nee.«

»Aha.«

»Wir sind doch keine Metropole hier.«

Er hebt die Augenbrauen und nimmt das Heft näher ans Gesicht.

»Und wo finden wir den nächsten Ort?«

»Irgendwann kommt Magdeburch.«

»Na dann …« Ich gebe die Hoffnung nicht auf, dass er noch irgendetwas Hilfreiches sagen wird, doch er schweigt und blättert erneut um.

»Danke.« Mein spitzer Tonfall scheint ihm zu entgehen.

Kaum bin ich aus der Tür, spucke ich auf den Boden.

»So ein Riesenidiot«, raunze ich, als ich Artjom erreiche. »Hier im Dorf gibt es angeblich weder eine Werkstatt noch einen Fahrradladen noch irgendetwas anderes.«

»Hm.« Artjom überlegt. »Dann warten wir.«

»Warten?!« Ich runzle die Stirn. »Worauf denn?«

»Wir können trampen.«

»Zwei Leute mit zwei Fahrrädern? Ich glaube kaum, dass da jemand anhält.«

Ich lasse den Kopf nach unten baumeln und versuche meinen kalten Nacken zu entspannen.

»Wenigstens in die nächste Stadt können wir es ja wohl schaffen. In einem Lkw oder einem Bulli.«

»Und wer, meinst du, verirrt sich *hierher*?«

»Na, irgendwer wird schon kommen.«

Ich habe keine bessere Idee, bin müde und beginne wieder zu niesen. »Gut, wir warten.«

Und das tun wir. Vier geschlagene Stunden.

Als der erste Lkw auf das Tankstellengelände fährt, beginnt mein Herz plötzlich schneller zu schlagen.

»Artjom! Artjom, schau!«, rufe ich mit zu hoher Stimme.

Artjom, der gerade dabei ist, eine Dose Mais auszulöffeln, lässt das Besteck sinken.

»Jetzt müssen wir uns sehr klug anstellen!«, zischt er, »du bleibst hier sitzen und wirst lächeln.«
»Lächeln? Bist du bescheuert?!«
Entrüstet verschränke ich die Arme vor der Brust. Er grinst. »Genau deswegen: Deine Laune ist im Moment einfach *zu* unterirdisch, als dass du ihn überzeugen könntest.« Scherzhaft streicht Artjom mir über den Kopf und springt auf.

Der Lkw-Fahrer, ein dünner Mann mit blauer Latzhose und roter Kappe, ist inzwischen aus dem Fahrerhäuschen geklettert und hat einen Benzinschlauch in der Hand.

Ich kann beobachten, wie Artjom ihn anspricht und zu gestikulieren beginnt. Nach ein paar Minuten lacht der Mann und schlägt mit der Hand auf seine Schulter. Nach weiteren Minuten läuft Artjom kurz in die Tankstelle und kommt mit drei Flaschen Limonade zurück. Eine drückt er dem Mann in die Hand, mir winkt er, herüberzukommen. Argwöhnisch lasse ich unsere Räder stehen und laufe zu ihnen. Ich denke daran, was Artjom gesagt hat, und bringe ein gequältes Lächeln zustande.

»Vitali, das ist Greta. Greta, Vitali.«
Vitali hebt zur Begrüßung die Kappe und gibt den Blick auf eine glänzende Glatze frei. Er entblößt eine Reihe schiefer Zähne und lächelt breit. Dann begin-

nen die beiden, sich auf Russisch zu unterhalten. Ich nehme eine Limonade und trinke einen Schluck. Irgendwann dreht sich Artjom zu mir um.

»Alles in Ordnung«, sagt er strahlend, »Vitali fährt bis Amsterdam mit leerem Wagen und kann uns und die Räder samt Gepäck mitnehmen.«

Vitali nickt bestätigend und lächelt freundlich.

»Aber Amsterdam liegt gar nicht auf unserer Route«, wende ich kritisch ein, doch Artjom winkt ab.

»Nicht auf der *direkten* Route. Bis Amsterdam ist es ein ziemlich weites Stück, das wir so schaffen können. Und Pläne sind zum Ändern da, oder nicht?«

6.

Als ich dann vorne auf der hohen Bank sitze, bin ich doch erleichtert, Ja gesagt zu haben. Der Regen pladdert gegen unsere Scheibe und wir haben eine trockene Tagesfahrt vor uns.

Herrlich!

Artjom und Vitali unterhalten sich auf Russisch und ich bin froh, so eine gute Ausrede zu haben, meinen Gedanken nachzuhängen. Wir hören Radio, essen Pommes an einem Rasthof und ich denke darüber nach, wie es mit den Fahrrädern weitergehen soll. Ich habe in meiner Tasche die erste vorgefertigte Postkarte von Sophie gefunden und beginne sie auf der Fahrt zu schreiben. Sie hat mir einen ganzen Stapel mitgegeben, ihre Adresse schon als Empfängerin angegeben, damit ich auch auf jeden Fall von mir hören lasse.

Meine Schrift ist unsauber, das Auto wackelt, aber das Wichtigste konnte ich niederkritzeln: dass wir auf dem Weg nach Amsterdam sind, hinein in ein vollkommen anderes Abenteuer. Ich klebe einen Schnipsel von dem Limonadenetikett darauf und spüre noch immer den Zucker auf der Zunge prickeln.

Am Abend lässt Vitali uns am Rand von Amsterdam raus, klopft Artjom noch einmal auf die Schulter, kneift mir in die Wange und dann ist er weg. Wir suchen uns eine Bahnhaltestelle Richtung Zentrum, in einem kleinen Postamt kaufe ich noch schnell eine Briefmarke und werfe die erste Karte an Sophie in den Kasten.

Dann steige ich mit Artjom ein. Mit meinem Smartphone finde ich schnell heraus, dass am Rand der Stadt ein Campingplatz ist, von dem aus es nicht weit in die Innenstadt ist, und bin nun doch froh, mir nach langem Zögern solch ein Telefon angeschafft zu haben.

Wir beschließen, zunächst dorthin zu fahren, in der Hoffnung, einen Schlafplatz zu bekommen. Ich habe zwar noch einiges Geld gespart und bin bereit, es während der Reise auszugeben, aber eben nicht sinnlos für ein besseres Hostel. Wer weiß, wofür wir es noch brauchen werden. Offenbar lassen sich Reisen ja doch nicht so planen wie gedacht.

Auch hier haben wohl die wenigsten Leute Lust, schon im Frühjahr zu campen und es ist leicht, einen

Platz für unser Zelt zu bekommen. Da derzeit noch die Nebensaison läuft, ist der Preis sogar absolut bezahlbar.

»Ist ja mal wieder alles gut gegangen«, grinst Artjom und umarmt mich. Auch ich bin erleichtert. Zumindest würden wir nicht an einer Tankstelle übernachten müssen.

Es gibt einen Wagen mit Duschen und Waschbecken und ich spüle mir Gesicht und Hände ab, was mich eine Spur wacher macht.

»Und jetzt?«, fragt Artjom. »Machen wir einen kleinen Abstecher in die Stadt?«

Ich war noch nie in Amsterdam, habe aber natürlich schon viel gehört. Obwohl ich müde bin, siegt die Neugierde.

»Gute Idee«, sagte ich.

»Dann schlüpf aus der Radlerhose und zieh dir etwas Warmes an. Wir haben eine Nacht in Amsterdam vor uns!«

Das haben wir tatsächlich. Und was für eine Nacht!

Dafür, dass keine Hochsaison für den Tourismus in Amsterdam ist, laufen überraschend viele Menschen durch die engen Straßen. Ich schnappe Wortfetzen Spanisch, Italienisch und Deutsch auf und natürlich Niederländisch.

Mit der S-Bahn haben wir es ins Stadtzentrum geschafft. Die Straßen sind von Laternen gesäumt und ich bewundere die eng stehenden Häuser, die hübschen Treppen, die zu den Eingängen hinaufführen, und die spitzen Dächer, die aussehen wie auf den Lakritzpackungen, die mir Sophie immer mitbringt, wenn sie einen ihrer Kerle in den Niederlanden besucht. Ich liebe Lakritz!

Wir laufen über viele geschwungene Brücken und ich bleibe an einem Metallgeländer stehen, um auf die Gracht zu blicken. Am Rand schaukeln einige Hausboote und in dem einen brennt Licht. Eine Frau mit einem Buch in der Hand sitzt darin.

Artjom zieht mich weiter. Irgendwo hat er Musik vernommen und steuert in die entsprechende Richtung. Die Menschendichte erhöht sich, in einer kleinen Gasse stehen vor den Häusern Holzbänke und viele junge Leute sitzen dort, rauchen, essen und unterhalten sich.

»Gehen wir in einen Coffeeshop?«, fragt Artjom und erst mal verstehe ich nicht, was er meint.

»Ich trinke abends doch keinen Kaffee!«

Er sieht mich mit schräg gelegtem Kopf an. »Du bist manchmal echt lustig«, meint er nur, dann läuft er auf einen Laden zu, dessen Schild ein Bob-Marley-Konterfei ziert.

Als wir eintreten, schlägt uns ein Geruch entgegen, der mich an einen angekokelten Adventskranz erinnert.

Der Geruch von Gras.

Ich komme mir mal wieder unfassbar dämlich vor, schließlich weiß ich doch, dass das Rauchen von Hanf hier legal ist. Mehr als einmal hat Sophie mir von ihren Erlebnissen in Amsterdam erzählt.

Artjom geht zielsicher zur Theke. An einer Tafel sind verschiedene Sorten aufgeführt und der dürre Verkäufer beginnt die Vorzüge der einen oder anderen Sorte zu erklären. Er spricht deutsch mit Artjom.

Ich zupfe ihn am Ärmel, mein Magen fühlt sich etwas mulmig an. »Muss das jetzt echt sein?«, frage ich und sehe mich in dem dämmrigen Raum um. Auch hier rauchen die Leute, manche haben eine Pfeife zwischen den Lippen. Es ist warm, die Menschen wirken gut gelaunt.

»Eine super Gelegenheit«, erwidert Artjom und bekommt etwas über die Theke gereicht. »Du möchtest nichts?«

»Wir haben auch Kekse«, wirft der dürre Kerl hinter dem Tresen ein.

Ich überlege. »Und Kuchen?«, frage ich.

Jetzt schaut er mich etwas irritiert an. »Nein ...«, erwidert er gedehnt, »... nur Kekse.«

»Dann hätte ich gern einen großen Schokokeks«, erwidere ich, freudig darüber, dass es auch etwas Drogenfreies gibt.

»Bist du sicher?«, fragt Artjom mich und jetzt fühle ich mich daran erinnert, wie meine Mutter mit mir redet, wenn sie mir wieder mal zu verstehen geben will, weniger Süßigkeiten zu essen und stattdessen lieber ein paar Kilo zu verlieren. Ich bin nicht dick. Ich bin einfach nur nicht so superdünn wie sie.

»Ich liebe Schokolade!«, erwidere ich patzig und lasse mir eine raschelnde Papiertüte geben.

Wir setzen uns an einen kleinen Tisch am Fenster. Während Artjom ein Feuerzeug vom Aschenbecher nimmt und mir wenig später süßlich riechende Dampfschwaden entgegenbläst, wedle ich demonstrativ mit der Hand vor meiner Nase herum und packe meinen Keks aus. Ich rieche daran. Große Schokoladenstückchen auf einem perfekten runden Mürbeteigkeks. Mein Herz macht beim Anblick des zuckrigen Gebäcks einen kleinen Hüpfer. Als ich hineinbeiße, bin ich überrascht, dass er relativ herb schmeckt, doch ich mag das. Im Gegensatz zu Sophie esse ich zwar gerne süße Sachen, muss mir aber nicht auf jedes Teil noch zusätzlich Zucker streuen. Dieser Keks hat für mich den perfekten Süßegrad. Artjom sieht mir zu, wie ich ihn freudig in mich hineinfuttere.

»Schmeckt er?«, fragt er. Eine weitere Rauchschwade entweicht seinem Mund.

»Schmeckt prima!«, schmatze ich und sammle die letzten Krümel vom Tisch auf. »Vorzüglich! Willst du probieren?«

»Nein danke. Nach Keksen hänge ich immer zwei Tage lang nur durch.«

»Aha.« Ich verstehe nicht, was er meint, habe aber auch keine Lust zu fragen. Ich hätte eh nicht gerne geteilt.

»Und dir geht's gut?«, fragt er.

»Mir geht's bestens!«

»Dann hoffe ich mal, dass das so bleibt.«

Erst zwei Stunden später merke ich, was er meinte.

7.

Wir stehen wieder auf einer der Brücken und plaudern über verflossene Lieben. Artjom lässt sich kaum stoppen. Er redet ohne Punkt und Komma, ein unglaublicher Wortfluss. Manchmal sieht er mich aus den leicht geröteten Augen an und fragt: »Ist doch so, oder?«, während er von seiner Exfreundin spricht. Eine Antwort erwartet er aber nicht von mir.

Ich merke plötzlich beim Betrachten der kleinen Wasserwellen, die ans Ufer schwappen, dass mein Blick sich leicht verzieht, wenn ich den Kopf schnell bewege. Meine Beine fühlen sich wattig an und ich realisiere, dass ein unkontrollierbares Kichern aus meinem Hals entweicht. Während wir unseren nächtlichen Spaziergang durch die Stadt fortsetzen, kichere ich und er redet. Ich kann mir nicht erklären, woher diese Hochstimmung plötzlich kommt, als Artjom mich kurz festhält und mir in die Augen blickt. Seine Pupillen scheinen mir wahnsinnig groß zu sein, aber schließlich ist es auch mitten in der Nacht.

»Ich glaube, jetzt hat es deinen Verdauungstrakt passiert und wirkt, oder?«

»Was meinst du?«

»Na, das Gras im Keks.«

»*Was?!*« Vollkommen entsetzt reiße ich mich los.

»Ich dachte, du wüsstest, dass man dir im Coffeeshop keine normalen Kekse anbietet.«

»Oh Gott, oh Gott, das darf doch nicht wahr sein?!«, rufe ich panisch und drehe mich wie wild im Kreis. Das Bild der Umgebung zieht sich meinen schnellen Bewegungen hinterher.

»Das wollte ich nicht!«, kreische ich. »Wieso hast du mir nichts gesagt?!«

Artjom versucht wieder, mich an beiden Schultern festzuhalten.

»Hey«, murmelt er, »ganz ruhig. Nur keine Panik. Dir passiert nichts, versuch dich zu entspannen, die Wirkung hört irgendwann von allein auf.«

Ich atme tief durch und merke, wie eine unfassbare Müdigkeit mich durchdringt.

»In Ordnung«, hauche ich, »in Ordnung.«

Nachdem ich akzeptiert habe, dass ich nichts tun kann, lasse ich mich von Artjom an der Hand nehmen und an der Gracht entlangführen. Vor einer Bank bleibt er stehen und sieht mich an. Ich betrachte die roten Augen mit den dunklen Pupillen und muss lächeln. Es gibt wohl für alles ein erstes Mal, auch wenn es für mich bei diesem einen Mal bleiben wird. In meine eigenen Gedanken versunken bemerke ich nicht, dass sich Artjoms Gesicht zu mir herabgesenkt hat. In einer eher uneleganten Drehung mache ich mich los und laufe weiter, als hätte ich nichts bemerkt. Irgendwann spüre ich, dass mir die Augen beinahe zufallen, und wir beschließen, zum Campingplatz zurückzukehren.

Ich schlafe so fest, so tief und so lange wie schon ewig nicht mehr. Beim Aufwachen stinkt es im Zelt nach schlafenden Menschen und Artjom ist ausnahmsweise nicht vor mir aufgestanden. Das Sonnenlicht ist durch die Zeltwand hellgrün verfärbt, und als ich den Reißverschluss öffne und die Luft draußen einatme, bemerke ich das strahlend schöne Frühlingswetter. Ich fühle mich noch immer leicht neben der Spur und merke, dass ich unfassbar hungrig und durstig bin.

Ich rüttle an Artjoms Arm. »Aufwachen!«

Es dauert erstaunlich lange, bis er die Lider öffnet und mich verschlafen anblinzelt.

»Ich habe Mordshunger!«, sage ich und blicke ihn fordernd an.

Er gähnt. »Ich auch. Und was für einen.«

Nachdem wir uns notdürftig angezogen und gewaschen haben, beschließen wir, beide Fahrräder mitzunehmen und mit der Straßenbahn in die Stadt zu fahren. Es ist schon drei Uhr am Nachmittag, unsere Dosenvorräte sind leer, wir müssen essen und dringend unseren Proviant auffüllen.

Das Erste, was wir sehen, als wir aussteigen, ist ein *McDonald's*. Ich hasse *McDonald's*, esse kaum Fleisch und Sophie hat mir erklärt, aus wie vielen Gründen sie es verwerflich findet, sich dort was zu kaufen. Und doch sehen wir uns an und stürmen hinein.

Kurze Zeit später sitzen wir auf roten Plastikpolstern und stopfen uns mit Pommes, vitaminarmem Salat und Veggie-Burgern voll. Als unser Tablett leer ist, holt Artjom Nachschub. Ich merke, wie meine Energie langsam zurückkehrt, auch wenn ich mich noch immer benebelt fühle.

Nachdem wir auch noch die letzten labbrigen Pommes verputzt haben, beginnen wir weiter zu planen.

»Als Erstes suchen wir eine Fahrradwerkstatt«, beschließt Artjom und ich nicke.

»Es ist schon ziemlich naiv, was wir vorhaben, oder?«, werfe ich in den Raum.

Er sieht mich lange an. »Optimistisch, würde ich sagen.«

Ich schweige.

»Was hältst du davon, wenn wir die Fahrräder verkaufen?«

»Warum?!« Er blickt mich entsetzt an. Eine leere Pommestüte fällt auf den Boden, als er mit seinen Armen zu gestikulieren beginnt, aber er bemerkt es nicht. »Das ist doch dein Traum! Mit dem Fahrrad nach Spanien!«

»Pläne sind zum Ändern da, oder?«, wiederhole ich grinsend seine gestrigen Worte.

»Ich möchte ja in Spanien herumreisen. Aber ich habe das Gefühl, dass wir mit den Fahrrädern nicht ankommen werden. Es ist nachts noch kalt, nicht überall gibt es Campingplätze, wild campen ist verboten und ich möchte gerne im Süden Zeit haben, das Land zu erkunden.«

Artjom nickt langsam. »So ist das also.«

Er sieht ein wenig enttäuscht aus und das tut mir leid.

»Artjom …«, beginne ich, »… ich habe inzwischen gemerkt, dass es mir um die Reise geht. Und all die Unwägbarkeiten mit dem Fahrrad … die bereiten mir Sorgen, weil ich weiß, dass ich irgendwann zurück zu Sophie möchte.«

»Hm. Schade«, murmelt Artjom und entfernt ein Salatblättchen zwischen seinen Zähnen. »Ich hänge an meinem Fahrrad, weißt du?«

»Du musst nicht mit«, entgegne ich schnell, auch wenn sich bei dem Gedanken, allein zu reisen, alles in mir zusammenzieht.

»Du kannst doch gar kein Spanisch«, lacht er.

»Stimmt«, erwidere ich etwas zerknirscht, »aber immerhin habe ich mein Pocket-Wörterbuch!«

»Und wie hast du dir vorgestellt weiterzufahren?«

»Ich wollte mal zum Bahnhof gehen und nachfragen, wie viel so ein Interrailticket kostet. Damit können wir dann in ganz Spanien und Europa herumreisen.«

Jetzt grinst er doch und seine wolkige Miene ist verflogen.

»Gut«, sagt er dann und haut entschlossen mit der flachen Hand auf den Tisch, sodass ein weiteres Pommestütchen zu Boden segelt. Die Familie neben uns sieht ärgerlich herüber, nur das jüngste Kind durchwühlt weiter seine Happy-Meal-Tüte, bis es begeistert ein billiges Plastikspielzeug herauszieht.

»An dir hänge ich mehr als an meinem Fahrrad. Lass uns sehen, wie wir an Geld kommen.«

8.

Bei einer Fahrradwerkstatt haben wir Glück. Zwei junge Italiener lungern davor herum und besehen sich ab und an die Preisschilder der zum Verkauf bereitstehenden Fahrräder. Wir fragen im Laden nach, ob es den benötigten Schlauch gibt und wo man hier die eigenen Fahrräder verkaufen kann. Da werden die beiden Italiener auf uns aufmerksam. Ihr Englisch ist schlecht, doch mit Händen und Füßen geben sie uns nach ein paar Minuten zu verstehen, dass sie auf der Suche nach mehr oder minder funktionierenden Rädern sind, sich aber in den Geschäften keine leisten können. Verstohlen entfernen wir uns vom Laden. Einer der beiden grinst mir zu und zwinkert. Ich bemühe mich darum, nicht die Augen zu verdrehen. Schließlich möchte ich ihm mein Fahrrad verkaufen!

Artjom ist gut im Verhandeln. Verdammt gut. Trotz der Sprachschwierigkeiten kommt er mit dem zweiten Italiener in eine rege Diskussion. Es ist richtig spannend zuzuschauen. Ich habe keine Ahnung, wie viel die Fahrräder wert sind. Als ich das Artjom nach seiner erfolgreichen Verhandlung, in der er beide Fahrräder trotz geplatztem Schlauch losgeworden ist, sage, grinst er und meint: »Ich auch nicht«, während er mit den dreihundert Euro in der Hand wedelt.

Ich kann kaum fassen, wie einfach das war, und beschließe, es als Zeichen des Schicksals zu verstehen, dass wir den richtigen Gedanken verfolgen.

Direkt im Anschluss machen wir uns auf den Weg zum Bahnhof. Amsterdam ist zwar schön und spannend und sehenswert, aber mein Plan, nach Spanien zu reisen, ist das, wofür mein Herz gerade schlägt. Am Schalter fragen wir nach Interrailtickets, doch als uns der Preis genannt wird, lehnen wir dankend ab.

»So viel habe ich jetzt nicht für die Zugkarte«, sage ich und Artjom nickt zustimmend, während wir auf einen der Buchungsautomaten zusteuern.

»Ich auch nicht.«

Wir haben nicht viel über Geld gesprochen, aber ich vermute, dass Artjom weniger für die Reise hat als ich.

»Wir können auch nach Last-Minute-Tickets gucken und nach Spanien fliegen«, schlägt er vor, doch ich schüttle resolut den Kopf.

»So immens wollte ich meinen ökologischen Fußabdruck durch die Reise nun wirklich nicht steigern!«

Daraufhin gibt Artjom die Verbindung Amsterdam – Madrid in die Maschine ein. Zweiundzwanzig Stunden Fahrzeit, es gibt noch Resttickets für Züge, die heute Nacht losfahren. Der Preis stimmt.

»Buchen?«, fragt Artjom und hebt den Finger über den Touch-Bildschirm.

»Buchen.«

Nachdem wir das Wurfzelt auf dem Campingplatz zusammengepackt haben, überlegen wir, was wir noch gebrauchen können und was nicht. Die Luftpumpe und die Fahrradhelme haben wir den Italienern beim Verkauf dazugegeben. Der Kalender, den meine Eltern mir für meine zukünftigen Lehrerinnentermine geschenkt haben, ist zwar schwer, aber er darf bleiben. Kleidung, Essen, meine Trinkflasche, das Pocket-Wörterbuch, der Reiseführer, Handtuch und Waschzeug stopfe ich wieder in die Packtaschen. Sie haben zum Glück Gurte, mit denen ich sie über der Schulter tragen kann, aber ideal ist es nicht.

»Wir müssen noch mal nach Rucksäcken Ausschau halten«, sage ich, während ich das Wurfzelt an eine der Taschen binde. Artjom hat die gleichen Taschen wie ich und hängt sie sich um. Als ich es ihm nachtue, schnürt der Gurt ganz schön in meine Schulter ein.

»Na dann los«, keuche ich und wir verlassen den Campingplatz und unseren Plan, die komplette Reise mit dem Fahrrad zu bestreiten.

Die Taschen schließen wir am Bahnhof ein und verbringen den restlichen Tag touristenmäßig in Museen und auf kleinen Märkten. Am Abend essen wir Poffertjes, kleine Pfannkuchen mit Sirup, und dann sitzen wir am Bahnhof, spielen *Ich sehe was, was du nicht siehst* und warten, bis der Zug endlich in den Bahnhof einrollt. Ich habe wieder meine Granatapfelhose an und bin müde.

»Hoffentlich haben wir ein Abteil für uns«, gähne ich, während ich meine Taschen die Treppe hochhieve.

»Ja, hoffentlich«, stimmt Artjom zu und hilft mir. Unser Wunsch wird nicht erhört: Stattdessen setzen wir uns in ein Abteil mit einer laut schnarchenden älteren Dame und ihrer Tochter, deren Hund die nächsten Stunden ängstlich winselt. Immerhin hat jeder von uns zwei Sitze, sodass wir uns ein wenig ausstrecken können.

Bis nach Paris teilen wir uns die Nacht mit Frau und Hund, dann müssen wir umsteigen.

Schlaftrunken, wie ich bin, überlasse ich es Artjom herauszufinden, wie wir zum Bahnhof Paris Austerlitz kommen, wo wir in den nächsten Zug steigen. Lange Wartezeiten haben wir glücklicherweise nicht und dieses Mal auch ein Abteil für uns allein, auf dessen Sitzbänken wir uns vollends ausstrecken können, und erst vom Klopfen an der Abteiltür geweckt werden, als uns die freundliche Dame einen Kaffee am Morgen verkaufen will. Wir nehmen ihn.

Die nächsten Stunden ziehen sich hin. Wir sehen aus dem Fenster, lassen die Landschaft an uns vorbeifliegen und essen am Mittag überteuerte Sandwiches aus dem Bahnbistro, die von Mayonnaise getränkt sind und labbrig in unseren Händen hängen.

Artjom hat ein Kartenblatt dabei, sodass wir wenigstens mit *Mau Mau* die Zeit totschlagen können. Als wir es zu zweit mit Doppelkopf versuchen, scheitern wir kläglich. Man kann einfach nicht zwei Personen gleichzeitig spielen. Ich lese, Artjom hört Musik, manchmal reden wir. Eigentlich leben wir die nächsten Stunden aber eher nebeneinanderher, was für mich auch vollkommen in Ordnung ist. Ich zücke den Kalender und schreibe hinein, wie in ein Tagebuch. Ich klebe den Kassenzettel vom Campingplatz und die Tüte, in der mein Keks war, hinein. Noch immer fühle ich mich ein wenig zerschlagen und schaffe es ganz gut, immer wieder ein wenig zu dösen. So geht die Zeit schneller vorbei. Irgendwann beginne ich, die zweite Postkarte für Sophie zu schreiben. Ich schmiere ein paar Kekskrümel auf die untere Ecke, sodass ein Fettfleck entsteht. Schön sieht er nicht aus, aber mit einem kleinen Pfeil kritzle ich eine Erklärung dazu. Ich möchte sie, sobald wir in Madrid ankommen, als ersten Gruß aus Spanien losschicken. In Perpignan, an der Grenze zu Spanien, steigen wir ein letztes Mal um.

Als ich dann wieder festen Boden betrete, bin ich unfassbar müde und glücklich. Die spanische Luft ist warm und riecht anders als in Berlin oder Amsterdam. Ich finde einen Briefmarkenautomaten und einen Postkasten, in den ich die Karte an Sophie direkt einwerfen kann. Erst jetzt fühle ich mich angekommen: in Spanien, in Madrid, wieder mitten im Plan meines Abenteuers.

9.

Als Erstes laufen wir. Laufen durch den späten Abend. Die Taschen um die Schultern gehängt, umgeben von Menschen aus der ganzen Welt haben wir kein Ziel, keinen Plan, außer den, möglichst bald einen Schlafplatz zu finden. Das Laufen macht mich wieder wacher und Artjom scheint überhaupt nicht müde zu sein.

Nachdem wir das rote Bahnhofsgebäude verlassen haben, wählen wir eine breite Straße, die uns ins Stadtzentrum führen soll. Calle de Atocha, meint das Straßenschild dazu.

Klingt gut.

Die Häuser sind rot und gelb und hoch und so schön, dass ich kaum merke, wie die Zeit vergeht. Irgendwann biegt Artjom, der unseren Reiseführer in der Hand hält, rechts ab. Ich folge ihm, die Schmerzen in meinen Schultern spüre ich kaum noch. Alles ist größer, als ich es mir vorgestellt habe. Die Gebäude haben mindestens vier oder fünf Stockwerke und stehen dicht an dicht, Schulter an Schulter. Nach wenigen Metern spuckt uns die kleine Straße auf einen halbmondförmigen Platz. Umgeben von weißen Gebäuden wirkt er herrschaftlich, beeindruckend und absolut nicht wie eine Hostelgegend.

»Darf ich vorstellen«, ruft Artjom und breitet die Arme aus, der Reiseführer flattert in seiner rechten Hand, »der Plaza de la Puerta del Sol.«

Ich drehe mich im Kreis. Der Platz wird dominiert von einer Pferdestatue und einem runden Brunnen, an dem einige junge Leute stehen und Bier trinken.

»Wollen wir uns bei ihnen nach einem Hostel erkundigen?«, frage ich Artjom und deute mit meinem Kopf auf die Gruppe. Fasziniert blickt er nach oben und ich glaube, er hat mich nicht gehört.

»Artjom?«, wiederhole ich. »Ich frage nach einem Hostel.«

»Was?«, entgegnet er fahrig und braucht einen Moment, ehe er mein Gesicht findet. »Ja ... ja, ich komme mit.« Es klingt ein wenig unwillig. Gemeinsam steuern wir auf die Jugendlichen zu.

Ein Mädchen lacht laut. Ihre Lippen sind rot und ihre Augen leuchten. Ich spreche sie auf Englisch an.

»¿Perdón?«, entgegnet sie und zuckt die Schultern. Ich sehe mich hastig nach Artjom um. Er kommt zu uns und fragt etwas auf Spanisch.

»Ah!« Das Mädchen nickt hastig. Jetzt spricht sie kurz mit Artjom und er antwortet. Dann wendet sie sich auf Englisch mit starkem spanischem Akzent an mich.

»Entschuldigung«, sagt sie, »ich habe dich erst nicht gut verstanden.« Sie bietet uns ein Bier an.

Artjom nimmt es dankend entgegen und wir teilen es uns.

»Wir gehen bald in eine Gegend, in der es einige günstige Hostels gibt«, meint sie und zeigt einmal im Kreis auf die etwa zwanzig Leute, die lachend und in Unterhaltungen vertieft rund um den Brunnen stehen.

»Woher seid ihr?«

»Aus Deutschland, Berlin«, komme ich Artjom zuvor, mit dem Gedanken herauszufinden, ob es an meiner Aussprache liegt, dass sie mich anfangs nicht verstanden hat. Doch jetzt nickt sie wissend.

»Ah!«, sagt sie. »Ich war letztes Jahr dort, eine Freundin von mir macht ihr Erasmus-Jahr in Berlin.«

Sofort sind wir im Gespräch über meine Heimatstadt. Sicheres Gebiet, in dem Thema fühle ich mich wohl.

Nachdem wir so eine Weile redend und Bier trinkend beisammenstanden, kommt ein junger Mann herüber und zieht das Mädchen am Ärmel.

»Wir gehen jetzt weiter«, meint sie. »Freunde von uns machen ein kleines Fest. Kommt doch mit! Dort in der Gegend findet ihr auf jeden Fall ein Hostel.«

Artjom und ich sehen uns an. Wir nicken und grinsen gleichzeitig.

»Gerne«, meint er. »Wie heißt du eigentlich?«

Das Mädchen wirft ihr schwarzes Haar nach hinten und stellt ihre leere Bierflasche ab.

»Teresa«, sagt sie. »Ich heiße Teresa.«

Wir folgen Teresa und ihren Freunden durch viele Straßen, Gassen und an riesigen Häusern vorbei. Ich kann weiterhin kaum fassen, wie schön es ist.

Viel zu schnell biegen wir in eine kleine Straße ein, die zu einem Hinterhof führt. Musik tönt daraus hervor, und als wir den Hof betreten, ist er voller Menschen, die zu den Klängen der Musik tanzen. In einer Ecke stehen zwei Gitarristen und ein Sänger, die gemeinsam spielen.

»Herzlich willkommen!«, sagt Teresa und führt uns an die Stirnseite des Hofes.

Hier steht ein dünner Mann mit schwarzem Haar und breitem Lächeln.

»Pablo, das sind …«

»… Greta …«

»… und Artjom …«

»... aus Deutschland«, beendet Teresa. »Ich habe sie zu deinem Fest mitgebracht.«

»Schön, euch zu sehen«, sagt Pablo und umarmt uns herzlich. »Wann seid ihr angekommen?«

Wir berichten kurz von unserer Zugreise, und als Pablo erfährt, dass wir erst eine oder zwei Stunden hier sind, hebt er die Augenbrauen.

»Darauf müssen wir anstoßen!«

Er verschwindet kurz und kommt mit einem kleinen Tablett und vier gefüllten Gläsern zurück.

»Auf eure Reise!« Er reicht Artjom, Teresa und mir jeweils ein Glas und wir stoßen klirrend an. Der rote Wein liegt schwer und saftig in meinem Mund, fast wie süßer Traubensaft. Ich bin überrascht, wie lecker er ist, und mein Glas ist bald leer. Ohne nachzufragen schenkt Pablo mir nach und Teresa kommt mit einem mit Häppchen gefüllten Pappteller zu mir.

»Churros«, sagt sie zu mir. »Normalerweise isst man sie zur Trinkschokolade, aber ich finde, zu Rotwein passen sie auch sehr gut.«

Freudig bedanke ich mich und bin noch immer überwältigt von der Gastfreundschaft, die uns entgegengebracht wird. Ich hatte damit gerechnet, die Nacht in einer schäbigen Herberge zu verbringen und am Morgen Madrid von einer ganz anderen Seite zu erkunden. Stattdessen Rotwein, Gebäck, laute Musik und tanzende Menschen. Die Musiker haben aufgehört zu spielen, stattdessen dröhnt nun spanische Popmusik aus großen Boxen.

Ich beiße in die frittierte Teigrolle. Sie ist so süß, dass ich mir kaum vorstellen kann, sie auch noch mit Trinkschokolade zu essen. Das wäre die perfekte Süßigkeit für Sophie – je süßer, desto besser.

Nach einem Bissen lege ich die Rolle unauffällig in meine Fahrradtasche und trinke lieber einen weiteren Schluck Wein. Schon jetzt merke ich, wie ich mich weich und schwammig zu fühlen beginne. Ich habe wenig gegessen und der Alkohol steigt mir schnell zu Kopf.

»Komm, wir tanzen«, sagt Artjom, ich lasse meine Taschen zurück und er zieht mich auf die Tanzfläche. Die Nacht ist erstaunlich warm, mein Gesicht glüht vom Rotwein und Artjom wirbelt mich so schnell herum, dass meine Füße kaum hinterherkommen. Neben uns jubeln andere Tänzer und singen mit, offenbar kennen sie das Lied. Irgendwann lasse ich Artjoms Hände los, ich fühle schon jetzt den Schweiß, der sich auf meiner Stirn und meinem Rücken bildet.

Doch Artjom zieht mich wieder an sich, enger als eben. Ich kann seinen Atem auf meinen Wangen spüren und muss ein wenig nach oben sehen, um in seine Augen zu blicken. Er grinst schief. Der blaue Stein um seinen Hals leuchtet. Vielleicht bilde ich es mir aber auch nur ein. Ich spüre, wie es in meiner Magengegend zu ziehen beginnt.

»Greta ...«, raunt er, drückt mich noch etwas fester an sich. Ich spüre seine Hand an meinem Rücken. Es fühlt sich gut an, so gehalten zu werden.

»Ich ...«, erwidere ich, doch eigentlich möchte ich nichts sagen. Dann schließe ich die Augen. Eine Sekunde bevor Artjom mich küssen kann, reiße ich sie wieder auf, sehe Teresa aus den Augenwinkeln und mache mich los. Schnell greife ich nach ihrer Hand und beginne mit ihr zu tanzen. Ich traue mich nicht, einen Blick in Artjoms Richtung zu werfen. Irgendwann tue ich es doch und ich bemerke den überraschten und etwas verletzten Ausdruck in seinen Augen. Ignorieren kann ich den nicht und fühle mich schlecht. Als ich das nächste Mal hinübersehe, hält er ein leeres Weinglas in der Hand, grinst und ist im Gespräch mit einer Spanierin, die unfassbar dickes, schwarzes Haar und unfassbar große Brüste hat, die Artjom aus dem roten Kleid entgegenquellen.

Geht doch, denke ich. Jetzt sollte ich zufrieden sein und ich wundere mich, dass sich keine Erleichterung einstellt, stattdessen spüre ich ein leichtes Ziehen zwischen Magen und Herz. Ich tanze noch eine Weile mit

Teresa, doch irgendwann habe ich keine Lust mehr, setze mich an den Rand und esse nun doch zwei der Churros. Nach einiger Zeit kommt Teresa zu mir und lässt sich auf den Boden sinken. Sie gähnt herzhaft.

»Wo ist dein Freund?«, fragt sie mich.

»Er ist nicht mein Freund.«

»Ach so?« Sie sieht überrascht aus. »Sicher? Vorhin hat er dich so angeblickt, wie man nur die Frau, die man liebt, ansieht. Oder Churros con Chocolate.«

Lachend sage ich einfach nichts.

»Ich werde bald nach Hause gehen«, meint Teresa und ich bleibe ihr eine Antwort schuldig.

»Hoffentlich klingt das nicht zu aufdringlich, aber ich würde mich freuen, wenn ihr heute Nacht meine Gäste seid.«

Ich strecke den Rücken durch und lache.

»Ja, sehr gerne!«

Ich gehe hinüber zu Artjom und bin ganz froh, dass ich endlich einen Grund habe, ihn von der laut lachenden Frau wegzureißen.

»Wir schlafen bei Teresa«, sage ich etwas schroff. »Und wir gehen jetzt.«

»Tun wir das?« Er blickt mich herausfordernd an. Offenbar habe ich ihn wirklich verletzt.

»Ähm …« Ich bin nun doch verunsichert.

»In Ordnung«, sagt er mit etwas weicherer Stimme. Er berührt mich an der Hand, ganz kurz nur, aber seine Gesprächspartnerin bemerkt es und hebt eine Augenbraue.

»Du kannst auch noch bleiben und später bei mir übernachten«, schlägt sie vor, doch Artjom schüttelt lächelnd den Kopf.

»Ich gehe jetzt. Es war schön, dich kennengelernt zu haben. Alles Gute!«

Ihren vernichtenden Blick zwischen den Schulterblättern spüre ich noch, als wir den Hof schon verlassen haben. Ein kleines Grinsen kann ich mir dennoch nicht verkneifen und frage mich im selben Moment, was ich eigentlich will.

10.

Als ich aufwache, habe ich Kopfschmerzen. Die Uhr an der weißen Wand zeigt mir, dass bereits früher Nachmittag ist. Artjom neben mir auf dem Schlafsofa schnarcht leise und das helle Sonnenlicht durchflutet den Raum, als wäre es Hochsommer. Ich sehe an mir herunter. Ich trage eine Unterhose und ein schlabbriges Top. Ächzend krieche ich aus meinem Schlafsack und suche meine Kleidung vom Vortag. Ich schlüpfe in die Granatapfelhose, die dringend gewaschen werden muss, ziehe einen BH unter das Top und trete aus dem Zimmer. Dann schlurfe ich die kleine Holztreppe hinunter, direkt in eine Mischung aus Wohnzimmer und Küche. Ein grünes Sofa steht gegenüber der Küchenzeile, die Wände sind weiß verputzt und neben den Fenstern hängen bunte Bilder, die aussehen, als hätte jemand verschiedene Pinselstärken ausprobieren wollen.

»Guten Morgen!«, ruft Teresa und ich zucke zusammen. Sie kommt hinter einem Regal hervor, gut gelaunt, frisch geduscht und die Lippen rot, wie gestern Nacht.

»Möchtest du Kaffee?«, fragt sie.

»Gerne.« Ich räuspere mich. »Und ein Glas Wasser wäre toll.«

Eine Minute später kommt Teresa mit einer kleinen Tasse schwarzem Kaffee und einer Karaffe Wasser, in das sie einige Zitronenscheiben gelegt hat.

Ich lasse mich auf das Sofa fallen und sie stellt die Getränke vor mich auf den niedrigen Couchtisch.

»War ein nettes Fest gestern, nicht wahr?«, fragt sie und lässt sich neben mich auf die dicken Polster sinken.

»Sehr«, sage ich lahm und leere das Wasserglas in einem Zug. Schlagartig geht es mir besser.

»Aber der Wein war doch sehr stark.«

Teresa lacht laut und herzlich. »Ja, da muss man aufpassen«, gibt sie zu. »Nicht zu viel, genug Wasser dazu und schön langsam.«

Ich grinse. »Alles Dinge, die ich nicht getan habe.«

Mit den Händen versuche ich mein zerzaustes Haar zu kämmen und bleibe nach wenigen Zentimetern an einem Dread hängen. Schnell ziehe ich die Hand zurück und schlürfe an dem Kaffee. Er ist so bitter, dass ich mir verkneifen muss, mein Gesicht zu verziehen.

Während ich langsam meinen Kaffee trinke, springt Teresa wieder auf und kommt kurz darauf mit einer großen Platte belegter Weißbrote zurück.

Ich greife nach einem mit Käse, Eiern und Salat. Als ich hineinbeiße, sinken meine Zähne in dem weichen Brot ein. Ich kaue, es klebt ein wenig am Gaumen. Ich denke an mein kerniges Vollkornbrot zu Hause, wissend, dass ich davon in nächster Zeit nur träumen werde. Trotzdem greife ich noch ein zweites Mal zu, doch ganz schaffe ich das Eierbrot nicht. Zu trocken und weich verklebt der helle Teig meinen Mund.

Teresa setzt sich wieder zu mir und nimmt sich ein Thunfischbrot.

»Was möchtest du heute unternehmen?«, fragt sie und durch das Brot zwischen ihren Zähnen ist ihr spanisches Englisch noch schwieriger zu verstehen.

»Ich weiß nicht«, antworte ich und lehne mich zurück. »Kannst du uns etwas empfehlen?«

Teresa überlegt kurz. »Ich wollte nachher noch zur Kunsthochschule, eine Mappe abholen. Wenn du möchtest, können wir uns vorher ein paar Museen anschauen.«

»Gerne!«, entgegne ich. »Das wäre toll. Was machst du an der Kunsthochschule?«

»Ich studiere dort.«

»Ach was! Wie spannend!«

Teresa senkt den Kopf und lächelt schüchtern, als hätte ich ein großes Kompliment ausgesprochen.

»Ich würde mich freuen, dir die Hochschule zu zeigen.«

Hinter uns ertönt das Knarren der Holztreppe. Ich drehe mich um und erblicke den verschlafenen Artjom, der sich das Gesicht reibt. Seine Haare stehen in alle Richtungen ab und er schlurft zu uns herüber.

»Morgen«, brummt er und setzt sich auf den letzten freien Platz auf dem Sofa. Er sieht so aus, wie ich mich noch vor einer halben Stunde gefühlt habe.

Ich gieße ihm ein Glas Wasser ein.

»Hier«, sage ich und reiche es ihm. Dankbar trinkt er es in hastigen Zügen aus.

»Das tut gut«, seufzt er auf Deutsch und ich schenke ihm nach.

»Du hast dich gestern wohl sehr gut mit Lucía verstanden, oder?«, meint Teresa augenzwinkernd und schiebt die Platte mit dem Weißbrot ein paar Zentimeter in seine Richtung.

»Ich ... hm ... na ja«, stammelt er und sieht mich peinlich berührt an.

Ich winke ab und hoffe, dass wieder alles so ist wie zuvor. Er atmet erleichtert durch.

»Ich glaube, ich war einfach etwas angetrunken.«

Jetzt greift er nach einem Brot und beißt hungrig hinein. »Scharf!«, schmatzt er.

»Das ist mit Chorizo und Chili, davon wirst du garantiert wach!«, erklärt Teresa.

Artjom kaut, ich zupfe an meiner Hose herum.

»Teresa und ich wollen zur Kunsthochschule und ins Museum. Hast du Lust mitzukommen?«

Artjom nimmt ein zweites Chorizo-Brot vom Tablett.

»Hm!«, macht er und hebt einen Daumen in Teresas Richtung. »Ich glaube, ich suche mir einfach einen Park und genieße die Sonne.«

Teresa steht auf und kramt in einer Schublade.

»Hier hast du einen Stadtplan«, sagt sie und reicht ihm eine zerfledderte Karte. »Es gibt sehr viele Parks. Du wirst es kaum schaffen, sie zu übersehen!«

11.

Zunächst gehen wir ins Museo del Prado. Das weiße Gebäude erschlägt mich schon fast durch seine äußere Erscheinung. Als wir dann drinnen durch die hohen Räume wandeln, bin ich mal wieder sehr beeindruckt und erkenne sogar einige Bilder wieder, obwohl ich mich bisher mit Kunst kaum auseinandergesetzt habe.

Vor dem Bild eines kleinen Mädchens mit breitem Rock, die von Hoffräulein, Wächtern und einigen weiteren Personen umgeben ist, bleibe ich stehen und betrachte das Gemälde.

»*Las Meninas*«, höre ich plötzlich Teresas Stimme hinter mir und zucke zusammen. Ich bin richtig in dem Bild versunken.

»Die Hoffräulein. Eines der bekanntesten Bilder von Diego Velázquez.«

»Wer ist das kleine Mädchen in der Mitte?«

»Das ist die Prinzessin Margarita von Spanien als fünfjähriges Kind.«

Ich gehe einen Schritt näher heran.

»Der Maler links, der uns anblickt«, sagt Teresa und deutet auf die schwarz gekleidete Gestalt mit Pinsel in der Hand, die vor einer großen Leinwand steht, »ist der Künstler selbst.«

Jetzt tritt Teresa auf meine Höhe. »Und kannst du die beiden Personen hinten im Spiegel sehen? Das sind König und Königin.«

Erst jetzt bemerke ich dieses weitere Detail und mein rechter Mundwinkel hebt sich. »Faszinierend«, murmle ich.

»Das ist es«, sagt Teresa und nickt bekräftigend, »das ist es wirklich.«

Nachdem wir mehrere Stunden in dem Museum verbracht haben, kann ich irgendwann den Schmerz in meinen Füßen nicht mehr ignorieren und wir verlassen das große Haus.

»Lass uns Kaffee trinken gehen und eine Kleinigkeit essen«, schlägt Teresa vor und ich bin dankbar für die Idee, denn es bedeutet, dass ich einen Moment lang sitzen kann. Wir haben zwar längst nicht alles gesehen, aber ich habe das Gefühl, mein ohnehin noch etwas lädierter Kopf dreht sich von all den Eindrücken so sehr im Kreis, dass ich im Moment nicht noch mehr Bilder aufnehmen kann.

Teresa bietet an, später noch zusammen ins Centro de Arte Reina Sofía zu gehen, doch ich sage, dass ich nicht weiß, ob mein Kopf das heute noch mitmacht.

»Egal«, sagt Teresa und zuckt mit den Schultern, »ihr seid auf jeden Fall die nächsten Tage herzlich eingeladen, noch bei mir zu übernachten. Und dann können wir uns das Museum morgen ansehen.«

Wir biegen an einem Autokreisel in eine kleine Straße ab.

»Warte hier«, sagt Teresa und deutet auf ein Café. »Bestell zwei Mal Café con leche.«

Das tue ich und wenig später bringt mir eine zierliche Kellnerin zwei Tassen Milchkaffee. Dankbar betrachte ich den Schaum und denke an den tiefschwarzen Kaffee von vorhin.

In dem Moment kommt Teresa um die Ecke, in der Hand eine Plastiktüte. Sie lässt sich neben mich auf den Stuhl fallen und löffelt erst mal den Milchschaum vom Getränk.

Dann packt sie auf den Tisch, was sie gekauft hat.

»Ist es erlaubt, Essen mitzubringen?«, frage ich vorsichtig, doch Teresa winkt ab.

»Ach, wenn nicht, dann werden sie uns das schon sagen.«

Sie stellt ein Plastiktöpfchen mit eingelegten Oliven, ein paar Tomaten, eine Flasche Olivenöl und ein großes Weißbrot auf den Tisch. Dann reißt sie ein Stück davon ab, gießt Olivenöl darüber und wartet, bis der helle Teig es aufgesogen hat. Mit spitzen Fingern legt sie eine Tomate darauf und beißt hinein.

»Hm«, schwärmt sie.

Etwas argwöhnisch tue ich es ihr nach. Schon beim ersten Bissen merke ich, was sie meint.

»Das ist ja … köstlich!« Ich muss an mich halten, das Brot nicht im Ganzen in den Mund zu stecken.

»Ich habe bisher nicht gewusst, dass Olivenöl so lecker sein kann!«

Teresa nickt und steckt sich eine dunkle Olive zwischen die weißen Zähne.

»Als ich meine Freundin in Berlin besuchte, habe ich auch Brot mit ihrem Öl essen wollen und es dann nie wieder versucht. Wenn man dieses grüne Gold hier gewöhnt ist, schmeckt alles andere nach Schmieröl.«

Ich muss lachen. »Ja, regionales Olivenöl gehört wohl nicht zur deutschen Kultur.«

Wir essen noch eine Weile und trinken den Kaffee. Nachdem Teresa den letzten Rest Milchschaum vom Boden der Tasse gekratzt hat, legt sie den Löffel beiseite und sieht mir direkt in die Augen.

»So«, sagt sie, »jetzt aber mal in voller Ehrlichkeit. Was ist das mit Artjom und dir?«

Mich durchfährt eine heiße Welle.

»Was meinst du?«, entgegne ich piepsig.

»Erst wollte er dich gestern küssen, dann hast du plötzlich mit mir getanzt, und als er sich dann mit Lucía unterhalten hat, hast du hinübergesehen, als hättest du Magenschmerzen.«

Ich stecke mir eine Olive in den Mund, um nichts sagen zu müssen. Als ich sie geschluckt habe, schiebe ich eine Tomate hinterher, dann wieder eine Olive. Doch ich werde wohl um eine Antwort nicht herumkommen.

»Ich weiß auch nicht genau, wie es ist. Wir kennen uns noch nicht sehr lange. Bei unserer ersten Begegnung hat er die Luft an meinem Fahrradreifen herausgelassen, um mir mit seiner Luftpumpe helfen zu können. Im Austausch musste ich ihm meine Handynummer geben, obwohl ich an dem Tag wirklich schlecht gelaunt war. Na ja, und dann haben wir uns ab und zu gesehen, manchmal aus Zufall, einmal hat er mich zum Essen eingeladen und irgendwann habe ich seine Herausforderung angenommen, diese Spanienreise mit ihm zu unternehmen.«

»Herausforderung?« Teresa zieht die Stirn kraus.

»Eigentlich«, beginne ich nun doch etwas ausführlicher zu werden, »wollte ich die Reise mit meinem Exfreund Lukas machen.« Es fällt mir noch immer schwer, seinen Namen möglichst unbeteiligt über meine Lippen fließen zu lassen. »Meine Eltern haben vollkommen andere Pläne für meine Zukunft und ich war kurz davor, einfach aus Faulheit und Feigheit alles zu tun, was sie sich wünschen.«

»Und dann kam Artjom?«

Ich denke darüber nach und werde mir noch einmal über seine Bedeutung für mich in den letzten Monaten bewusst.

»Ja, irgendwie schon. Am Anfang war ich nur genervt. Aber dann wurde es witziger und netter und ich habe mich überreden lassen, die Reise trotzdem zu machen. Mit ihm, um allen zu beweisen, dass ich selbstständig handeln kann. Lukas, meinen Eltern, Artjom, meiner besten Freundin …«

»Deiner besten Freundin auch?«

Ich nicke. »Sie hat mich ebenfalls dazu gedrängt, endlich eine Reise in Angriff zu nehmen. Kurz bevor ich losgefahren bin, war klar, dass sie schwanger ist. Ich will ihr zeigen, dass ich meine Entschlüsse durchziehe, dass ich ihr auch mit dem Kind helfe, weil es mein Entschluss ist.«

Teresa nickt. »Verstehe«, sagt sie. »Und Artjom und du?«

»Wir sind Freunde! Und das soll auch so bleiben, sonst wird es kompliziert. Ich denke noch zu viel an

Lukas und ich möchte mich nicht in die nächste ungeklärte Sache stürzen.«

»Sehr vernünftig«, erwidert Teresa und kaut auf einer Tomate, »aber auch sehr unromantisch. Pragmatisch. Als würdest du dir ein romantisches Abenteuer nicht gönnen wollen.«

Die Worte treffen mich wie ein Faustschlag. Ich erwidere nichts.

»Das ist nicht böse gemeint!«, sagt Teresa sofort und legt ihre weiche Hand auf meine. »Ich will nur sagen, dass du trotz deinem Wunsch, es allen zu beweisen, auf Nummer sicher gehst.«

Ich ziehe die Schultern hoch und lasse sie wieder fallen. »Ja, wahrscheinlich schon.«

Teresa denkt kurz nach und klappert mit dem Löffel in der leeren Porzellantasse. »Eine große Kleinigkeit hast du vergessen: Am meisten willst du es dir doch selbst beweisen, oder?«

12.

Als wir zurück zu Teresas Wohnung gehen, bin ich angenehm erschöpft. Sie hat mich in der Nähe der Kunstakademie an einen Ort gebracht, von dem aus wir ganz Madrid überblicken konnten.

»Du hast recht«, sagte ich plötzlich, während wir unsere Blicke über die sonnenbeschienenen Dächer gleiten ließen.

»Ich bin nicht sehr romantisch. Und ich bin diejenige, für die ich die Herausforderung einer ungeplanten Reise vor allem anderen suche.«

Beide Erkenntnisse sind neu für mich. Logisch, aber neu.

Teresa zückt ihren Schlüssel und wir betreten die Wohnung. »Möchtest du duschen?«, fragt sie mich und ich nicke dankbar.

Nach der heißen Dusche komme ich in einen warmen Pullover gehüllt die Treppe herunter, Teresa ist gerade dabei, einige DVDs auf den Couchtisch zu legen. Ich knabbere an den zerkrümelten Churros, die ich in der vorigen Nacht in meine Tasche gestopft und beim Herausholen des Pullovers gefunden habe.

»Lust auf einen Film?«

Wir gucken *Harry Potter* auf Spanisch mit englischen Untertiteln.

Artjom ist noch nicht zurück, als ich gegen elf ins Bett gehe, aber beim Aufwachen am nächsten Morgen schläft er wieder friedlich neben mir. Ich muss lächeln und streiche ihm über das Haar. Denke an Teresas Worte und streichle ihn noch einmal.

Wir verbringen einen weiteren Tag bei Teresa, dieses Mal kommt Artjom mit ins Museum. Abends beschließen wir, am nächsten Morgen weiterzureisen.

»Ihr müsst unbedingt Andalusien besuchen!«, sagt Teresa und schreibt etwas auf einen kleinen Zettel. »Das ist die Adresse und die Telefonnummer meiner Tante Maria in Granada. Dort könnt ihr übernachten, wenn ihr in der Gegend seid.«

Dann bringt sie uns zu einer Tankstelle, von der sie sagt, dass man von dort aus gut trampen kann.

Beim Abschied umarme ich sie fest. »Vielen, vielen Dank«, sage ich. »Unser Start in Spanien hätte besser nicht sein können.«

Teresa drückt mich ebenfalls.

»Wenn du mal nach Berlin kommst, kannst du auf jeden Fall bei uns wohnen«, sagt auch Artjom.

Teresa nickt. »Ja, ja, ich werde mich melden! Wohin geht eure Reise jetzt?«

Artjom und ich blicken uns fragend an.

»Tja ...«, sagt Artjom langsam.

»Ich würde mal sagen, dorthin, wohin man uns mitnimmt«, führe ich fort und Teresa schnalzt mit der Zunge.

»Das ist ein guter Plan«, sagt sie, »der beste, würde ich sagen.«

Und dann sind wir wieder zu zweit.

Teresa hat uns an einen guten Ort gebracht. Wir müssen nur etwa eine halbe Stunde warten, bis ein altes Ehepaar bereit ist, uns mitzunehmen.

»Früher gab es ja so viel mehr Tramper«, sagt die Frau und dreht eine weiße Locke um ihren faltigen Finger. Sie atmet auf, lässt sich von nostalgischen Gefühlen überrollen und ihr Mann teilt uns mit, dass wir gerne bis Córdoba mitfahren können.

Im Kopf gehe ich die Spanienkarte entlang. Wenn ich mich nicht irre, fahren wir weiter in den Süden.

Wir laden unser Gepäck ein, setzen uns auf die Rückbank und fahren los.

»Ach, das ist aber schön, dass wir mal junge Leute mitnehmen können«, beginnt die ältere Frau zu plaudern, als wir an einer Raststätte haltmachen. Sie packt belegte Brote aus und reicht uns welche. Ihr Englisch ist erstaunlich gut. Sie war früher Lehrerin, wie sie uns später erklärt.

»Wo geht es denn hin?«

»Dorthin, wo uns jemand mitnehmen kann«, nuschle ich. Schon wieder klebt mir das Weißbrot am Gaumen fest.

»Das ist aber spannend!«, ruft sie und ihre großen Papageienohrringe klappern, als sie begeistert von Artjom zu mir und wieder zurück sieht.

»Córdoba ist eine tolle Stadt«, schwärmt sie. »Nicht wahr?« Mit dem Ellbogen stößt sie ihren Mann in die Rippen. Er grunzt und beißt von seiner dünnen Wurst ab.

Auf der Weiterfahrt beginne ich, mit meinem Handy nach Schlafgelegenheiten zu suchen. In Madrid hatten wir mehr als großes Glück, dass Teresa uns so unvoreingenommen aufgenommen hatte, aber für mein Gefühl ist mir ein frühzeitiger, sicherer Schlafplatz lieber.

»Suchst du einen Couchsurfer, bei dem wir übernachten können?«, fragt Artjom, der mir über die Schulter sieht.

»Ja«, sage ich, »ich schicke jetzt einfach eine Nachricht an alle, die angegeben haben, Gäste aufzunehmen.«

»Gute Idee!«

Das Internet im Auto funktioniert nur sporadisch, doch ab und zu erreichen mich dann doch Absagen.

Zu spontan. Zu viele Leute. Nicht da. Keine Männer als Gäste.

»Mist!«, rufe ich, als die nächste Absage kommt. »Dieser hier schreibt, wir können gerne kommen, wenn wir bereit sind, seine Wohnung ausschließlich nackt zu betreten.«

»Und das willst du nicht?«

»Nein!«

Doch letztlich reißt unsere Glückssträhne nicht ab: Als wir an dem Ortsschild von Córdoba vorbeifahren, bekomme ich eine Nachricht.

Freie Betten für euch, magische Grüße!

Als ich die Nachricht Artjom zeige, runzelt er dir Stirn. »Was soll das denn heißen?«

»Keine Ahnung. Aber wir werden es herausfinden.«

13.

Wir werden direkt vor der angegebenen Adresse rausgelassen.

»Viel Glück«, ruft die Frau und winkt begeistert, ihr Mann brummt und tritt aufs Gas.

»Da wären wir also.«

Ich stelle meine Fahrradtaschen ab und betrachte das Klingelschild. Das Haus, vor dem wir stehen, ist weiß, das obere Stockwerk mit Holz verkleidet. Neben den Namen sind kleine goldene Sterne geklebt.

»Es wird immer geheimnisvoller«, sage ich. Dann drücke ich auf den Knopf.

Drinnen ertönt der schrille Ton der Klingel und ein Hund bellt fiepsig. Ich höre Schritte, dann wird die Tür schwungvoll aufgerissen.

»Willkommen!«, ruft der Mann mit ausgebreiteten Armen, und alles, was ich sehe, ist ein riesiger schwarzer Schnurrbart, dessen Spitzen mit Gel nach oben gebogen sind.

Die einzelnen Räume, durch die er uns führt, sind

kaum eingerichtet. Die Möbel stehen zum größten Teil unter Plastikfolien und die Wände sind weiß und kahl. Der kleine Hund, ein schlanker Dackel mit rötlichem Fell, läuft immer einige Meter vor uns her und fiept nervös.

Während der Mann mit dem Gelschnurrbart in einem eng anliegenden schwarzen Anzug durch die Räume fegt, ruft er uns verschiedene Sachen zu: »Mein Name ist Nino« und »Ich freue mich, Gäste zu haben«, und dann: »Ich habe einen neuen Kartentrick. Wollt ihr ihn sehen?«

Ohne eine Antwort abzuwarten, steht er plötzlich vor uns. In der rechten Hand hält er ein Päckchen Spielkarten und lässt sie in seine linke gleiten. Dann beginnt er das Blatt minutenlang kunstvoll zu mischen. Die Karten fliegen von der einen in die andere Hand, über seinen Kopf, sie schlüpfen durch seine Finger, hinter seinem Rücken entlang und zurück in seine Hände. Ich kann den Blick kaum von den schwirrenden Karten abwenden, als er mich plötzlich ansieht und seine dunkelgrünen Augen tief in meine versenkt. Irgendwo jault der Hund.

»Wähle eine Karte«, raunt Nino und hält mir das aufgefächerte Blatt hin.

Ich bin mir unsicher, ob ich fasziniert oder beunruhigt sein sollte. Mit mulmigem Gefühl tippe ich auf eine Karte am Rand. Herz zwei. Sofort beginnt er zu mischen. Er lässt sie von rechts nach links gleiten und bringt so ein Chaos in die Karten, dass die Vorderseite bei manchen nach rechts, bei manchen nach links zeigt. Ein heilloses Durcheinander.

»Du siehst, manche sind jetzt so herum«, er zeigt mir einen König, »manche anders herum«, ein paar Karten weiter zeigt die Rückseite zu mir.

»Ja ...«, sage ich und frage mich, wie er da wieder herauskommen will.

»Und wenn ich jetzt schnipse, sind alle Rückseiten vorne, nur die von dir gewählte Karte ist zu sehen.«

Ich runzle die Stirn, er schnipst mit den Fingern.

Dann fächert er die Karten auf. Ausschließlich blaue Rückseiten, nur eine Karte zeigt mir ihre Vorderseite.

Die Herz zwei.

»Verrückt«, murmle ich, »absolut verrückt.«

Ich greife nach den Karten und sehe sie mir an. Keine ist doppelt dabei, keine fehlt. Auch Artjom sieht staunend zu Nino herüber. Der beginnt jetzt laut zu lachen und seine Augen machen so herzlich mit, dass ich beschließe, mich nicht zu gruseln, sondern ihn nett zu finden.

Als er jetzt zu reden beginnt, wirkt er plötzlich nicht mehr wie ein fliegender Geist, seine Stimme klingt normal und auch seine Bewegungen wirken endlich wie die eines normalen jungen Mannes.

»Tut mir leid«, sagt er und lässt das Kartenspiel in seine Hosentasche gleiten. »Ihr habt mich gerade in meinem Warm-up erwischt.«

»Warm-up?«, fragt Artjom. »Warm-up wofür?«

»Ich bin Straßenmagier«, entgegnet Nino und ist sofort zurück in seiner Rolle. Er verbeugt sich mit durchgestrecktem Rücken und wedelt dabei mit der rechten Hand, aus der plötzlich ein rotes Seidentuch langsam zu Boden gleitet. Als er es aufhebt, liegt darunter eine weiße Rose, die er mir hinters Ohr steckt.

»Es ist schon wieder passiert, verzeiht mir.« Jetzt klingt er ganz normal. »Aber ich gehe gleich zur Arbeit und das Zaubern läuft besser, wenn ich voll und ganz in der magischen Rolle drinstecke.«

»Das klingt sehr spannend!«, sagt Artjom. »Kannst du mir einen Trick beibringen?«

»Ein echter Zauberer«, verrät Nino zwinkernd, »erklärt *niemals* seine Tricks.«

Er führt uns in das Zimmer, in dem wir schlafen werden. Auch über diesem Bett liegt eine weiße Plastikplane.

»Ich bin gerade erst eingezogen«, erklärt Nino und schnippst Karten von rechts nach links. »Die Möbel meiner verstorbenen Tante stehen schon seit einer

Weile hier. Nehmt also alles ab, was ihr nicht wollt, und fühlt euch wie zu Hause.« Er schlüpft in eine dunkelblaue Jackettjacke, deren Kragen mit silbernen Sternen besetzt ist. »Ihr wollt euch sicher ausruhen, oder?«

»Och ...«, sagt Artjom, »... ich würde auch gerne mit zu deiner Show kommen.«

»Eingeladen seid ihr.«

Artjom sieht mich fragend an. »Wie sieht's bei dir aus, Greta?«

»Klar, warum nicht?« Ich denke kurz nach. »Und ich möchte etwas essen. Kommen wir an einem Lebensmittelgeschäft vorbei?«

Auf dem Weg kaufe ich Weißbrot, Tomaten und eine große Flasche Olivenöl, wie Teresa es mir gezeigt hat. Das Öl ist schwer, aber das ist es mir wert. In einem Park beginnt Nino verschiedene Gegenstände aufzubauen: Ringe, Jonglierkeulen, mehrere Kisten und einen großen Strauß Plastikblumen. Sein kleiner Hund springt aufgeregt im Kreis und hechelt laut. Artjom und ich lassen uns an einem Brunnen nieder, breiten die Plastiktüte aus und packen unsere erstandenen Köstlichkeiten darauf.

Ich reiße ein Stück Brot ab, träufle Olivenöl darauf und lege eine Tomate in die Mitte. Dann stecke ich das Häppchen im Ganzen in den Mund und muss die Augen schließen, weil das Öl so köstlich meinen Gaumen benetzt. Als ich sie wieder öffne, sieht Artjom mich skeptisch an.

»Und das ist lecker?«

Anstatt zu antworten bereite ich mir das nächste Brot zu. Dann tut Artjom es mir nach.

Kaum hat er die Lippen geschlossen, reißt er überrascht die Augen auf. »Dieses Öl«, ruft er und ich lache.

»Ja, dieses Öl!«

Wir essen fast das ganze Brot auf und beenden die Mahlzeit erst, als Artjoms Zaubershow beginnt. In den letzten Minuten hat sich eine kleine Menschentraube um ihn gebildet und dann geht es los. Am Anfang jongliert er und lässt nach und nach Bälle verschwinden, dann kommen einige Kartentricks. Ich bin so begeistert, dass ich nicht mehr an Brot und Öl denken kann, und irgendwann aufstehen muss, um näher zu treten. Der kleine Hund, den ich bisher nur bemitleidet habe, bringt seinem Herrchen die Zauberutensilien, fängt rote Rosen aus der Luft und läuft am Ende mit einem Körbchen durch die Reihen, in das das begeisterte Publikum klimpernde Münzen und weiche Scheine legt. Nino verbeugt sich mehrfach, dann ist die Vorstellung beendet.

»Wahnsinn!«, rufe ich und renne zu ihm hinüber, nachdem sich der kleine Platz zwischen den Bäumen gelichtet hat.

»Nicht Wahnsinn«, sagt er zwinkernd, jetzt wieder mit seiner raunenden Zauberstimme, »sondern Magie.«

14.

Nach seiner Vorstellung greift Nino in den Korb und steckt sich eine Handvoll Münzen in die Hosentasche.

»Ich gehe auch etwas zu essen kaufen. Ich habe vorhin eine Slagline dort drüben in den Bäumen aufgespannt. Wenn ihr möchtet, könnt ihr darauf laufen und wir treffen uns nachher wieder dort.«

»Alles klar«, sagt Artjom und ich sehe, dass er Nino noch immer bewundernd anblickt.

Als der sich zwischen die Bäume auf den Weg zur Straße gemacht hat, stoße ich Artjom an.

»Du findest ihn gut, oder?«, frage ich grinsend.

»Wie meinst du das?«

»Na, du bist schon beeindruckt.«

Artjom nickt. »Er ist unglaublich. Ich würde gerne so zaubern können wie er.«

»Wenn du schon nicht zaubern kannst, kannst du wenigstens auf der Slagline laufen?«

»Klar.«

»Also ich nicht.« Ich habe schon oft in Berliner Parks zugesehen, wie Leute das feste Band zwischen zwei Bäumen spannen und dann darauf herumlaufen, springen und runterfallen. Ich selbst wusste sofort, dass das nichts für mich ist.

Wir laufen von dem runden Platz zu einer Ansammlung von Fichten. Das Wurzelwerk scheint flach auf dem Boden zu liegen und sieht aus wie verästelte Haare, die jemand auf der Erde ausgebreitet hat. Das schwarze Band ist straff zwischen zwei Stämmen gespannt. Artjom legt prüfend seine Hand darauf und drückt sie herunter.

Dann geht er zu einem der Stämme und bewegt den silbernen Hebel, sodass die Slagline noch etwas straffer wird. Mit einem Satz ist er draufgesprungen und balanciert auf einem Bein, die Hände neben dem Körper, auf der Stelle. Sein Oberkörper biegt sich von links nach rechts, dann hat er sein Gleichgewicht gefunden und setzt den anderen Fuß vor. So geht er zügig über das Band und hält sich am gegenüberliegenden Baum fest. Dann dreht er sich um und fängt an zu wippen, sodass das Band leicht zu schwingen beginnt. Er springt hoch, kann sich nicht halten und landet mit beiden Füßen fest auf dem Boden. Er sieht mich mit zerzaustem Haar an, scheint ein wenig außer Atem zu sein.

»Möchtest du auch mal?«

»Ich weiß nicht …« Vor meinem inneren Auge sehe ich mich schon wie ein nasser Sack zu Boden fallen. Trotzdem lasse ich mich überreden und kralle mich beim Aufsteigen an den Fichtenästen fest. Dann nehme ich Artjoms Hand. Ich wanke und schwanke und drücke so fest zu, dass Artjom scharf die Luft einzieht, aber nichts sagt. Mit Schwankungen, Verkrampfungen und höchster Konzentration schaffe ich es auf die andere Seite und umarme den Baum fest.

»Und jetzt umdrehen«, sagt Artjom.

»Was?!«

»Na, zurücklaufen. Sonst wird's nicht besser.«

Ich bin froh, dass er so darauf beharrt. Nach einer Stunde schaffe ich es schon, zwei oder drei Schritte alleine zu gehen.

Kurz darauf kommt Nino zurück und reibt sich den Bauch. Dann springt er auf die Slagline, hüpft darauf herum, dreht eine Pirouette und landet wieder sicher auf den Füßen.

Artjom und ich können ihn nur anstarren.

»In ein paar Minuten habe ich meine nächste Vorstellung. Die gleiche Show wie vorhin, guckt sie euch also besser nicht an, beim zweiten Mal ist es schon irgendwie entzaubert.«

»Können wir noch hierbleiben?«, fragt Artjom und trinkt einen großen Schluck Wasser.

»Klar. Findet ihr zu meiner Wohnung zurück? Ich gebe euch einen Schlüssel. Baut einfach die Slagline ab und wir treffen uns später bei mir. Und dann werde ich kochen.«

Er reicht uns den Schlüsselbund, hebt grüßend die Hand und verschwindet zwischen den Bäumen.

Artjom versucht so elegant auf das Band zu springen wie Nino, wedelt mit den Armen und scheitert. Er fällt aufs Knie, doch obwohl er Schmerzen zu haben scheint, wiederholt er den Sprung. Dieses Mal klappt es besser.

Er beginnt heftig auf dem Band zu wippen, dann zu springen. Es klappt so gut, dass er kaum aufhören kann.

Ich nehme mein Handy und mache einige verwackelte Bilder von ihm, danach noch ein kleines Video. Irgendwann höre ich es knacken. Zunächst denke ich, dass es Einbildung war, doch bei Artjoms nächsten größeren Sprüngen knackt es wieder.

Und dann ertönt ein Rauschen, das ich nicht einordnen kann. Auch Artjom hat es bemerkt, er unterbricht seine Sprünge. Ich drehe mich langsam um und sehe nur noch, wie ein dritter Baum neben dem unsrigen zu Boden fällt. Entgeistert starren wir hinüber. Wäre er in die andere Richtung gefallen, hätte er uns getroffen.

»Wie … was …«, stammle ich und zeige auf das flache Wurzelwerk, das nach oben gedreht liegen geblieben ist. Vollkommen geschockt sehe ich den Baum an.

Auch Artjom verbringt die nächsten Sekunden in einer Starre.

»Der Baum … der Sprung …«, versuche ich weiter mich zu artikulieren, doch Artjom unterbricht mich: »Das Wurzelwerk. Es ist so flach und die Bäume müssen untereinander verbunden sein. Anders kann ich es mir nicht erklären.«

Dann steht er auf und baut in Windeseile das Band von den Bäumen ab. Die Baumschoner, die um die Stämme gewickelt sind, vergisst er.

Eine Picknickgruppe starrt herüber, einer ist aufgestanden und ruft uns etwas auf Spanisch zu. Er reckt drohend eine Faust in die Luft.

»Komm!«

Und dann verlassen wir, so schnell wir können, den Tatort.

15.

Wir trauen uns nicht, Nino zu erzählen, dass wir einen Baum zum Umfallen gebracht haben, und beschließen, die Geschichte zu verschweigen. Stattdessen verbringen wir den frühen Abend bei ihm in der Wohnung und nehmen die Plastikfolie vom Sofa, um uns auszuruhen. Nach ein paar Stunden kommt Nino nach Hause, drei große Tüten im Arm und den kleinen Hund hinter sich herziehend.

»Jetzt koche ich uns etwas zum Abendessen.«

Das Essen findet um elf Uhr abends statt, eine ganz normale Uhrzeit, wie Nino findet. Ich bin da etwas anderer Meinung und mein Magen hängt mir schon seit einer Weile in den Kniekehlen. Am Ende hat sich das Warten und Herumhängen auf der Couch aber gelohnt: Gazpacho Andaluz, eine kalte Suppe aus ungekochtem Gemüse, reicht uns Nino schwungvoll als Vorspeise. Ich schmecke Tomaten, Gurken, Knoblauch, Öl und noch mehr Gemüse, das ich nicht einordnen kann.

Der nächste Gang besteht aus gefüllten Artischocken und frittiertem Fisch in Sherrysoße, dazu ein großer Korb Weißbrot. Obwohl ich mich kurz vor dem Platzen fühle und dankbar abwinke, als Nino mit drei kleinen Schälchen aus der Küche fegt, serviert er auch mir eine Portion dünn aufgeschnittene braune Scheiben als Dessert.

»Was ist das?«, fragt Artjom und pikst mit seiner Gabel hinein. Sie versinkt langsam darin. Als er sie ableckt, hebt er die Augenbrauen: »Süß!«

»Das ist Turrón, eine Art heller Nougat aus Mandeln, Honig, Zucker und Ei. Es ist zwar noch nicht Weihnachten, aber ich dachte mir, hohe Gäste muss man gut bewirten.«

Ich ignoriere meinen vollen Bauch, öffne den Knopf meiner Hose und esse alle meine drei Scheiben auf. Danach rolle ich mich auf der Couch zusammen und bewege mich erst wieder, als der Film vorbei ist und die Uhr halb drei zeigt.

Am nächsten Morgen erwache ich früh, so früh, dass ich mich erschrecke, als ich auf die Uhr sehe. Halb acht. Normalerweise kann ich unendlich lange schlafen und merke jede einzelne Stunde, die mir fehlt, aber komischerweise fühle ich mich nicht müde. Vielleicht weil die Sonne vor unseren Fenstern schon so sehr scheint, wie ich es von zu Hause von den Sommermonaten kenne. Oder weil sich in meinem Bauch beim Anblick des Zimmers, meiner Taschen und Artjom erneut so ein großes Glücksgefühl breitmacht, das mich wach macht und auch ein bisschen irritiert. Besonders wenn ich den schlafenden Artjom ansehe, merke ich, dass dieses Gefühl in mir anschwillt.

Ich reiße meinen Blick los, beschließe, dass die Situation gerade zu gefährlich für mich wird, und schlüpfe in meine Anziehsachen. Leise mache ich die Tür hinter mir zu. Ninos Zimmertür ist geschlossen. Ich überlege kurz. Dann greife ich nach zwei Keksen auf einem Teller, schnappe mir meine Schuhe und verlasse die Wohnung.

Nach zwei Metern merke ich, dass ich mein Handy nicht eingesteckt habe – aber ein gewisses Risiko gehört einfach zum Leben, beschließe ich.

Draußen ist es doch frischer als erwartet. Das Licht der Sonne durchs Fenster war trügerisch und ich verschränke wärmesuchend die Arme vor der Brust.

An der Straßenecke entdecke ich eine Katze. Sie ist weiß mit schwarzen Flecken und hat ihren Schwanz hoch in die Luft erhoben. Sie sieht mich an. Ich kann die Farbe ihrer Augen nicht genau erkennen, doch im Moment schätze ich, dass sie grün sind. Ich kann meinen Blick nicht abwenden. Der ihre bleibt stark, um ihr rechtes Auge liegt ein schwarzer Fleck wie eine Augenklappe. Dann maunzt sie einmal kurz und läuft los. Wie hypnotisiert sehe ich ihr eine Sekunde hinterher, dann folge ich ihr.

So muss sich Alice im Wunderland fühlen, wenn sie dem weißen Kaninchen hinterherläuft. Ich blicke kaum nach links und rechts, einmal werde ich von einem Auto angehupt, doch ich registriere das kaum, sehe nur die Katze, die in flottem, aber nicht zu schnellem Tempo durch die Straßen tänzelt. Ich bilde mir ein, dass ich ihr folgen soll, denn an manchen Straßenecken wartet sie einige Sekunden, dreht ihren runden Kopf in meine Richtung und läuft erst weiter, wenn ich wieder aufgeholt habe. Die hohen Häuser fliegen an mir vorbei, doch mein Blick bleibt auf den gepflasterten Boden gerichtet. Die Straßen sind verwinkelt, wir biegen oft ab und bald habe ich vollends die Orientierung verloren, doch ich vertraue auf die Katze. Sie wird mich schon irgendwohin bringen.

Das tut sie auch. Zunächst jedoch in eine Gruppe japanischer Touristen. Zu spät bremse ich meinen Lauf ab und sprenge die Gruppe auseinander. In dem Moment kehre ich aus meiner leichten Trance zurück und beginne mich auf Englisch und Spanisch, denn so viel hat mir Artjom beigebracht, zu entschuldigen.

Eine Frau mit Hütchen hebt ihr Notizbuch und den Kugelschreiber auf, den sie fallen gelassen hat, ein älterer Herr beginnt sehr schnell zu reden. Ich stehe da und werde rot. Ein letztes Mal entschuldige ich mich, dann gehe ich mit gesenktem Kopf im Stechschritt weiter. Kurz darauf bleibe ich stehen und schaue mich um. Die Katze ist verschwunden.

Jetzt, wo ich den Blick endlich hebe, nehme ich auch meine Umgebung wieder wahr: Ich stehe auf einem leicht abschüssigen Platz, direkt neben einer Art Denkmal hinter einem Gitter. Vor mir türmen sich dicke, gelbe Mauern auf. Runde Bögen markieren die drei Stockwerke bis hinauf zu den Zinnen. Mein Blick richtet sich nach rechts in die Straße und ich erkenne, dass sich das riesige Gebäude noch ein ganzes Stück seitwärts erstreckt. Ich biege ab und schreite die dicken Mauern entlang. Mit den Fingerspitzen streife ich sie, kleine Sandkörnchen bleiben an meinen Kuppen hängen. An der Ecke des Gebäudes biege ich noch einmal ab und wieder und wieder, bis ich es einmal umrundet habe.

»Entschuldigung«, spreche ich eine junge Frau auf Englisch an, die mit Fotoapparat vor dem Bauch und einem Reiseführer in der Hand eindeutig als Touristin identifizierbar ist, »was ist das für ein Bau?«

»Das ist die Mezquita-Catedral de Córdoba, die

zuerst als Moschee gebaut und später zu einer christlichen Kathedrale umgebaut wurde.«

»Oh …«

»Willst du etwas dazu ansehen?«

Sie reicht mir ihren Reiseführer und an den deutschen Buchstaben erkenne ich, dass ich nicht Englisch mit ihr reden muss. Ich lache und wechsle die Sprache.

»Schon witzig, wenn man immer erst mal auf Englisch beginnt und irgendwann feststellt, dass man es von vornherein einfacher hätte haben können.«

Jetzt lacht sie auch. »Umso besser: Dann kannst du sogar den Text lesen.«

Ich blättere kurz und weiß wenig später, dass ich mich vor einem der größten Sakralbauten der Welt befinde. Obwohl sie als Moschee errichtet wurde, hatte man sie später als Kirche genutzt und entsprechend umgebaut.

»Das heißt, das Gebäude ist architektonisch an den Islam und das Christentum angelehnt?«, frage ich und gebe ihr den Reiseführer zurück.

»Ja, genau.« Sie nimmt ihren Rucksack ab, packt das dünne Buch in eine der vorderen Taschen und hält mir dann die Hand hin.

»Ich bin Isa«, sagt sie.

Ich erwidere ihren festen Händedruck. »Greta.«

»Hast du Lust, dir die Mezquita von innen anzusehen?«

»Na klar!« Wieder bin ich überrascht, wie schnell ich netten Menschen begegnen kann.

Am Haupteingang erfahren wir, dass das Gebäude erst ab zehn Uhr für Touristen geöffnet ist.

Isa streicht sich das lange dunkelbraune Haar zurück und klimpert mit den Wimpern, doch der Wachmann bleibt ungerührt.

»Mist«, schimpft sie, als wir zurück auf den Platz gehen, »ich wollte mich nicht allzu spät auf den Weg machen.«

Wir lassen uns auf einem Absatz an der Mezquita nieder.

»Was hast du noch vor?«, frage ich und binde mir den Schuh, der sich bei meiner Katzenjagd unbemerkt geöffnet hat.

»Ich bin mit einem Interrailticket unterwegs und wollte heute Nachmittag weiter nach Granada.«

»Wieso ausgerechnet Granada?«

Sie grinst und zieht sich eine große Sonnenbrille auf.

»Ich hab eine Affinität zu großen Gebäuden. In Granada steht auf dem Sabikah-Hügel die Stadtburg Alhambra. Sie soll unglaublich schön sein!«

»Klingt gut!«

Ich überlege, was wir noch machen können. Bis die Kathedrale öffnet, dauert es noch fast eine ganze Stunde.

»Hast du schon gefrühstückt?«

»Kaffee und Zigarette.«

»Na, dann los.«

Wir kaufen uns Früchte, und als wir alles bis auf den letzten Rest vertilgt haben, ist es genau zehn Uhr.

Beim Eintreten kommt mir die Stimmung ruhig, magisch und irgendwie heilig vor. Die nächste Stunde erwartet mich eine architektonische Vielfalt, an der sich meine Augen kaum sattsehen können. Ich bemerke Deckenkuppeln, die von innen mit goldenen Ornamenten verziert sind, große bunte Bögen, bei denen mir ein Schauer über den Rücken läuft, als ich hindurchgehe. Aufwendige Schnitzereien und Stuck verzieren andere Teile und ein großer Hochaltar lässt sich zunächst nicht mit den Bögen und Säulen verbinden. Isa habe ich schnell verloren, wahrscheinlich geht sie ebenfalls immer wieder von neuen Elementen angezogen durch den riesigen Bau. Schade, ich hätte mich gerne von ihr verabschiedet.

Nach einer Weile stören mich die sicher verbotenen Blitzlichter einiger Besucher zu sehr und ich suche den Ausgang. Es dauert, doch ich finde ihn und trete wieder nach draußen. Mein Magen knurrt, ausschließlich Früchte machen ihn nicht zufrieden. Ich überlege, mir wieder Weißbrot, Olivenöl und Tomaten zu kaufen, doch dann denke ich an die große Flasche Öl, die bei Nino in meinem Rucksack liegt und die ich erst gestern gekauft habe. Außerdem, beschließe ich, möchte ich noch andere Varianten kennenlernen, das köstliche Öl zu verzehren. Ich irre eine Weile durch die Straßen, ohne den Rückweg zu finden. Mein Magen knurrt lauter und nach einer Weile treffe ich wieder einen Mann mit Reiseführer und Straßenkarte an. Ich leihe mir die Karte und versuche mich zu orientieren. Bald glaube ich, Ninos Straße gefunden zu haben. Ich überlege, mit meinem Handy ein Foto zu machen, doch dann fällt mir ein, dass ich es ja vorsätzlich zu Hause gelassen habe.

»Na gut!«, sage ich laut und atme tief durch. »Dann muss es wohl auch so gehen!«

Ich glaube, ich verlaufe mich trotzdem, aber ich merke zu meiner Freude: Es geht.

16.

Bei meiner Rückkehr sitzt Artjom nur mit kurzer Hose bekleidet am Tisch, einen schwarzen Kaffee vor sich. Er sieht aus, als sei er gerade erst erwacht. Bei seinem Ausspruch: »Na endlich! Da stehe ich vor zehn Minuten auf und das Erste, was ich tue, ist mir Sorgen um meine verschollene Greta zu machen!«, weiß ich, dass ich recht habe. Er sieht gut aus. Das Haar steht ab, wie so häufig am Morgen, der rechte Mundwinkel zuckt, ein Beweis, dass er seine Klage nicht ganz ernst meint, und der blaue Stein um seinen Hals leuchtet durchdringend.

Nino, der mir geöffnet hat, füttert seinen fiepsenden Dackel. Dann setzt er sich zu Artjom, neben dem eine weitere volle Tasse steht.

»… jedenfalls«, setzt Nino das Gespräch fort, das er durch mein Auftauchen wohl unterbrochen hat, »schmerzt mein Herz noch immer, wenn ich an Barcelona denke. Heimatstadt ist eben doch Heimatstadt.« Er blickt wehmütig aus dem Fenster.

Artjom nippt geräuschvoll an seinem Kaffee.

»Klingt sehr spannend«, meint er. »Ich war ja anfangs gegen Barcelona, aus Angst vor zu viel Partytourismus, aber wenn ich die Ecken finde, von denen du erzählt hast, dann werde ich sicher ein völlig anderes Bild bekommen.«

Ich setze mich auf den letzten plastikfolienfreien Stuhl und höre eine Weile zu, wie Nino über Barcelona erzählt. Während Artjoms Augen immer mehr zu strahlen beginnen, schwindet mein Interesse. Andalusien gefällt mir sehr und das, obwohl *ich* es war, die unbedingt das Reiseziel Barcelona ins Spiel gebracht hat.

»Mein Bruder ist gerade zu Hause und besucht meine Eltern. Er könnte euch die Stadt zeigen, denn als Touristen werdet ihr wohl kaum die versteckten Schönheiten und geheimen Lokale finden.«

»Klasse!«, sagt Artjom und klingt mehr als begeistert. »Ich bin dabei.«

Er wendet sich freudestrahlend mir zu und ich drehe mir eine Haarsträhne um den Finger. »Ja ...«, druckse ich herum, »vielleicht später. Im Moment sind noch so viele andalusische Städte zu entdecken, da müssen wir nicht gleich nach ganz oben reisen.«

Artjom ist etwas überrascht, sein Lächeln kippt. »Aber du wolltest doch ...«

»Ich weiß!«, erwidere ich etwas zu harsch und schiebe sofort ein leises, deutsches »Entschuldigung« hinterher.

Nino hebt die Augenbrauen, steht diskret auf und lässt uns alleine.

»Was hältst du von Granada?«, mache ich einen Gegenvorschlag. »Ich habe vorhin erfahren, dass dort eine der allerschönsten Burgen der Welt stehen soll.«

Schon drei Stunden später sitzen wir im Auto einer Mitfahrgelegenheit, die wir über Ninos Computer gefunden haben, und nach drei weiteren Stunden haben wir Granada erreicht.

»Wieso wir nicht gleich auf die Idee gekommen sind, mit Trampen und Mitfahrgelegenheiten voranzukommen? Viel besser als Fahrrad!«, rufe ich begeistert, als wir neben unseren Fahrradtaschen am Straßenrand stehen.

»Weil so der Fahrradtour-Aspekt fehlt«, entgegnet Artjom etwas spitz und ich ärgere mich, das Thema wieder eröffnet zu haben. Schließlich hat er sich heute zum zweiten Mal meinen Wünschen gebeugt.

Die Burg Alhambra thront über der Stadt und im Schein der frühabendlichen Sonne leuchten die verwinkelten Mauern, Türme und Zinnen in hellem Orange.

»Wollen wir zur Burg?«, frage ich betont gut gelaunt, doch Artjom lehnt ab.

»Die Fahrradtaschen sind zu unpraktisch für lange Spaziergänge«, meint er, »und außerdem bin ich müde.«

»Du hast doch Ewigkeiten geschlafen!« Schon wieder könnte ich mich für die zu schnelle Bemerkung auf die Zunge beißen, doch die Worte sind schon herausgerutscht.

Artjom seufzt schwermütig. »Dann lass uns stattdessen Couchsurfing-Anfragen verschicken. Irgendwo müssen wir heute Nacht ja unterkommen.«

Wir stehen mal wieder auf einem kleinen Platz mitten zwischen hohen Häusern. Ein paar kleine Bäume sind neben Bänken gepflanzt worden und ich lasse mich auf eine fallen, um direkt wieder aufzuspringen.

»Au!«

»Was ist?!«

Ich reibe mir den Po. »Hart.«

Jetzt lacht Artjom endlich wieder und ich beschließe, dass mir der Schmerz für sein Lachen wert ist.

Er legt seine Taschen zu meinen unter der Bank und hebt den Finger in die Luft.

»Wartest du hier? Ich bin gleich wieder da.« Sein Tonfall ist wacher, positiver.

»Klar!«, sage ich und packe mein Handy aus. Ich

hätte in diesem Moment zu allem Ja gesagt, was ihn fröhlicher stimmt. Ich schicke meinen vorgefertigten Text an eine Vielzahl von Menschen in Granada, kleine Details passe ich an, damit sie sehen, dass ich ihre Anzeigen auch wirklich gelesen habe. Ich bin schon eine Weile beschäftigt, langsam gehen mir die guten Anzeigen aus und Artjom ist noch immer nicht zurück. Eine Zeit lang beobachte ich die vorbeifahrenden Autos, die den Kreisel passieren, die Menschen, die über den Platz laufen, und mir fällt auf, dass die Touristenquote ziemlich hoch zu sein scheint. Wohin man blickt Reiseführer, Socken in Sandalen, Survival-Hosen, Rucksäcke, Butterbrote, Sonnenhütchen und blasse Haut. Ich schaue auf mein Handy. Schon zwei Absagen. Und Artjom ist fast seit einer Stunde unterwegs.

Ich krame eine meiner Taschen unter der Bank hervor und wühle in meiner Schmutzwäsche, bis ich endlich eine von Sophies Postkarten finde. Eine Ecke ist etwas zerknickt, aber ansonsten sieht sie noch sehr beschreibbar aus. Nach der gleichen Prozedur finde ich schließlich auch einen Kugelschreiber, dann verfasse ich eine weitere Karte an Sophie. Ich überlege, was mich im Moment bewegt, was wichtig wäre, niederzuschreiben. Kurz berichte ich von Nino dem Magier, dem umgefallenen Baum und der Mezquita. Dann ist noch immer ein Drittel der Karte frei. Ich denke an Artjom, wie er unter der Decke neben mir schläft, mich leicht im Arm hält, an sein zerzaustes Haar nach dem Aufwachen und an meine Fingerspitzen, die schon zweimal vorsichtig über sein Gesicht gestrichen sind, während er noch schlief. Ich schüttle heftig den Kopf, als könnte das den Gedanken vertreiben.

Stattdessen schreibe ich noch einen Satz zur Schwierigkeit, ein Bett zu finden, male noch ein kleines Bildchen, klebe einen Grashalm darauf, der an meiner Hose hängt, und unterschreibe.

»Huch!«, rufe ich, als sich zwei eiskalte, nasse Hände auf meine Augen legen. Ich reiße sie herunter und drehe mich um. Laut lachend steht Artjom hinter der Bank, die Hände kalt, eine feuchte Wasserflasche steht auf dem Boden.

»Zeig mal!«, ruft er und entreißt mir die Postkarte.

»Hey!«, ich versuche, sie zurückzuerobern, doch er ist größer und stärker als ich. Seine Augen überfliegen die Zeilen, dann sieht er mich enttäuscht an.

»Das ist ja eine richtige Urlaubspostkarte. Und ich dachte, du schreibst darüber, was dein Herz bewegt.«

Jetzt bin ich doch sehr froh, dass genau diese Worte auf die Karte fanden, die er jetzt gelesen hat.

17.

Es stellt sich heraus, dass Artjom auf dem Hinweg einen Second-Hand-Laden gesehen und eine Weile gebraucht hat, ihn wiederzufinden. Zurück kam er mit zwei Rucksäcken: ein unfassbar hässlicher, brauner Wanderrucksack, an dem zwei Riemen zerrissen sind, und ein etwas kleinerer mit umso größeren Flecken.

»Perfekt«, sage ich und nicke anerkennend. »Aber was machen wir jetzt mit den Fahrradtaschen?«

»Wir versuchen, sie in dem Laden loszuwerden.«

Dann beginnen wir, unsere Packtaschen leer zu räumen und den Inhalt in die Rucksäcke zu stopfen. Der Campingkocher ist etwas zu groß, es bleibt uns nur, Artjoms Schmutzwäschebeutel zu leeren und ihn als Tragetasche für den Kocher zu benutzen.

»Wartest du noch mal hier? Ich habe auch Wasser gekauft«, er reicht mir die kalte Flasche, »damit du nicht verdurstest.«

»Warten? Worauf denn jetzt schon wieder?«

Artjoms Antwort geht im Geschnatter einer Gruppe Österreicher unter und er muss die Worte wiederholen: »Ich bringe die Taschen zu dem Laden. Sonst müssten wir das ganze Gepäck mitschleppen.«
»Aber das dauert ja wieder Stunden!«
»Nein«, winkt er ab, »jetzt kenne ich ja den Weg!«
Zwanzig Minuten später kommt er mit leeren Händen, dafür mit hundert Euro in der Tasche zurück.

Danach wissen wir nicht genau, was wir machen sollen. Eine Absage nach der anderen trudelt auf meinem Handy ein und langsam bin ich mir sicher, dass wir diese Nacht keine Schlafgelegenheit mehr finden werden. Das Wurfzelt ist zwar weiterhin an Artjoms Gepäck geknotet, aber ich glaube kaum, dass wir es unbedarft mitten in der Stadt aufschlagen können.
Also warten wir und schlendern weiter, bleiben ab und zu stehen und schlendern wieder.
»Ich habe Hunger«, meint Artjom irgendwann und legt sich die Hand auf den Bauch. »Haben wir noch eine Dose?«
»Ähm …« Ich blicke etwas beschämt in seine Richtung. »Sorry, nächtlicher Fressflash. Da waren Ravioli einfach perfekt.«
»Okay«, er sieht sich um, »dann muss ich mir wohl etwas kaufen.«

Wir spazieren weiter umher, erstaunlich viele deutsche Wortfetzen fliegen zu uns herüber und ich fühle mich seit Tagen etwas weniger auf Reisen. »Granada ist eine typische Erasmusstadt«, erklärt Artjom, als ich das anmerke.

»Woher weißt du das?«

»Hat Nino erzählt, als wir wussten, dass Granada die nächste Etappe wird.«

Wir kommen an einigen Restaurants vorbei und unsere Nasen werden von so vielen verschiedenen Düften verführt, dass ich merke, wie ich langsam hungrig werde.

»Warte mal!«

Vor einer kleinen spanischen Tapasbar hält Artjom mich zurück. »Guck mal!« Durch einen schmalen Spalt zwischen zwei Häusern späht er auf den Hinterhof. Ein Kellner in weißem Hemd und dunkler Krawatte leert gerade ein volles Tablett mit kleinen Häppchen über der Mülltonne aus. Fassungslos sehe ich dabei zu, wie das Essen über den Rand purzelt.

Wir warten, bis der Kellner den Hof verlassen hat, dann wispert Artjom: »Komm!«

Er versucht sich zwischen den Häuserspalten hindurchzuquetschen, doch er ist zu breit.

»Versuch du!«

Mein Herz beginnt zu rasen, der Reiz des Verbotenen pocht durch meine Adern. Ich lege den Rucksack ab, stelle mich seitwärts und schiebe mich zwischen die Häuser.

»Gib mir eine Tüte!«

Artjom holt eine Plastiktüte aus seinem Rucksack und drückt sie mir in die Hand.

»Ich nehme die Rucksäcke mit und frage im Restaurant nach Resten.«

Ich nicke. »In Ordnung.«

Dann ziehe ich mich Zentimeter für Zentimeter voran. Die meisten Menschen, die vorbeigehen, bemerken mich gar nicht, nur ein Kind zeigt lachend auf mich. Die Mutter sieht mich abfällig an, dann laufen sie weiter.

Als ich es geschafft habe, atme ich endlich aus. Hektisch sehe ich mich um. Einige Fenster zeigen zum asphaltierten Hof, doch ich kann niemanden entdecken. An der Rückseite des Restaurants befindet sich eine angelehnte Tür. Dahinter ist es ruhig, bis auf das Klappern von Töpfen, doch das hört sich weit weg an. Ich nutze die Chance.

Schnell sprinte ich zu der riesigen Mülltonne und nehme den Deckel ab. Als ich mit der Hand hineingreife, ertaste ich ein lauwarmes Alufolienpaket. Daneben liegt eine Plastiktüte, gefüllt mit kleinen Küchlein und gerösteten Mandeln, alles ein wenig durcheinander. Das, was so warm ist, stellt sich als gebackene Kartoffeln heraus, die mit Gewürzen mariniert und wie für einen Gast eingepackt sind, aber nicht mitgenommen wurden. Zwei Päckchen ungeöffneten Käse finde ich auch noch. Beim flüchtigen Blick auf das Mindesthaltbarkeitsdatum stelle ich fest, dass die Ware erst gestern abgelaufen ist. Ich kann sehen, dass darunter noch mehr Essen liegt, doch mein Beutel ist voll und ich muss den Rest in der Tonne lassen. Jetzt höre ich, wie Stimmen hinter der angelehnten Tür lauter werden. Mein Herz rast noch schneller, ich renne zu der Häuserspalte und habe mich gerade dazwischengequetscht, als zwei Kellnerinnen heraustreten, sich Zigaretten anzünden und zu rauchen beginnen. Beim Anblick des geöffneten Mülls, verdrehen sie die Augen. Die eine geht hinüber, schließt ihn und beschwert sich.

Ich beeile mich, weiterzukommen und werde kurz darauf von den Häusern wieder auf die Straße gespuckt.

Außer Atem bleibe ich dort stehen, wo Artjom und ich uns eben getrennt haben. Eine Minute später kommt er zurück, mit einem dicken Alufolienpaket in der Hand.

»Ich weiß nicht, ob ich lachen oder weinen soll«, meint er. »Der Chef meinte, dass in der Gastronomie besonders viel weggeworfen wird und dass er es gerne jungen Reisenden gibt. Ich habe hier ein Paket mit den feinsten Dingen bekommen: leicht angebrannte Kartoffeln, kleine Fischhäppchen, zu zähe Filets, matschiges Gemüse, deformierte Kuchenstücke, mit verschiedenen Pasten bestrichenes Weißbrot, gefüllte Paprikaschoten und Serrano-Schinken ...«

»Da hätte ich ja gar nicht in die Tonne kriechen müssen«, meine ich, »die war auch randvoll mit Essen.«

»Klar musstest du! Immerhin hast du wenigstens einen Bruchteil von guten Lebensmitteln retten können.«

Ich überlege kurz und nicke dann. »Du hast recht. Wie pervers, Essen wegzuschmeißen, weil es nicht mehr schön ist oder die falsche Form hat.«

Artjom deutet auf die Plastiktüte in meiner Hand. »Zeig mal.« Ich öffne den Beutel und präsentiere ihm meine Ausbeute.

»Wahnsinn ...«

»Wir sollten immer erst fragen gehen, ehe wir etwas kaufen«, sage ich. »Und im Zweifelsfall im Müll gucken.«

Von unserer eigenen Idee angetan, erkundigen wir uns noch in einer Konditorei und einem Gemüseladen. Alle bestätigen uns, dass sie jeden Abend viel wegschmeißen. In der Konditorei sagt man uns, dass wir spät abends kommen sollen. Der Gemüseladen meint, dass sie nichts abgeben. Als wir hinten im Hof in die Tonne gucken, sehen wir einen Haufen trauriger, krummer Gurken, Obst mit wenigen braunen Stellen oder leicht schlaffen Salat. Wir packen noch so viel ein, wie wir unterbekommen, dann verschwinden wir.

Wir lassen uns auf einem Bordstein nieder und verspeisen ein paar Tapas aus meiner Tüte. Ich bin noch immer schockiert von dem, was ich eben gesehen habe.

»Haben wir inzwischen einen Schlafplatz?«, fragt Artjom. Ich sehe auf mein Handy. Die wenigsten haben geantwortet, drei weitere Absagen habe ich aber bekommen. Und es ist schon kurz nach acht.

Ich schüttle bedauernd den Kopf. »Lass uns bald auf die Suche nach einem Hostel gehen. Wir haben ja jetzt Geld beim Essen gespart.«

»Wir sollten uns wirklich angewöhnen, früher nach Betten zu suchen«, meint Artjom und schiebt sich ein Stück Schinken in den Mund.

»Aber dann müssten wir auch langfristiger planen.«

Plötzlich durchfährt mich ein heißer Schauer.

»Wir sind so blöd!«, rufe ich und beginne, in meinem Portemonnaie zu kramen.

»Was ist los?«

»Teresa hat uns doch die Nummer und die Adresse von ihrer Tante in Granada gegeben. Maria. Die rufen wir jetzt an.«

18.

Es stellt sich ein weiteres Mal heraus, was für ein riesiger Glücksfall es war, dass wir Teresa kennengelernt haben.

Während des Telefonates konnte ich Maria zwar kaum verstehen, denn das Kindergeschrei im Hintergrund war zu laut, doch nach einer Weile habe ich das Wichtigste begriffen: Wir können kommen.

Ehe wir uns auf den Weg machen, streunen wir nun gut gesättigt noch einige Zeit durch die Straßen. Als wir kurz vor Mitternacht ankommen, werden wir von einer Frau im Blumenkleid mit Küssen auf die Wangen begrüßt. Ihr Haar ist von grauen Strähnen durchzogen und um ihre Augen liegt ein Netz aus Lachfalten.

»Willkommen«, sagt sie und hält meine Hände in ihren. »Willkommen.«

»Danke, dass wir hier übernachten dürfen«, erwidere ich etwas steif.

»Ach, ach!« Sie macht eine abfällige Handbewegung, dann lächelt sie wieder. »Teresas Freunde sind auch meine Freunde. Kommt zum Abendessen. Wir sitzen noch alle beisammen und essen ein wenig. Es ist genug übrig!«

Sie führt uns durch eine große Küche, die in einen schmalen Hinterhof zeigt. Um einen runden Plastiktisch sitzen acht Kinder verschiedenen Alters, die mit den Händen kleine Brote essen, mit Löffeln in Schalen mit Reis rühren und aus hohen Gläsern Orangensaft trinken. Ein altes Paar sitzt nebeneinander und betrachtet das Chaos lächelnd.

Maria breitet die Arme aus. »Das ist meine Familie: meine Kinder Elisa, Paolo, Jasmin, Leandro, Daniela, Rafael, Silvio und Stella. Und das sind meine Eltern.«

Artjom und ich nicken der Runde freundlich zu. Ein Mädchen schiebt ihren Stuhl beiseite, ihre Mutter holt aus einer Ecke im Hof zwei weitere weiße Plastikstühle.

Das Mädchen sagt etwas auf Spanisch.

Artjom grinst und raunt mir zu: »Sie will, dass du neben ihr sitzt.«

Ihre Mutter stellt beide Stühle in die entstandene Lücke. Ich setze mich links von dem Mädchen hin. Sie schaut mich aus großen, braunen Augen an.

»Stella«, sagt sie. Dann reicht sie mir die Kartoffeln und Artjom und ich nehmen ein unerwartet spätes und umso leckereres Nachtmahl ein.

Am nächsten Morgen gibt es Churros con Chocolate und frischen Mangosaft.
»Ihr müsst unbedingt zu den Cuevas«, sagt Maria, während sie Saft in die Gläser gießt.
»Was ist das?«, frage ich, während ich ein Gebäckstück tief in der Schokolade versenke.
»Das sind in Stein geschlagene Höhlen, in denen früher die Menschen lebten, um sich vor der Sonne zu schützen. Es gibt noch einige sehr ursprüngliche Cuevas, die heute von einigen Hippies und Aussteigern bewohnt werden.« Sie seufzt. »Auch ich habe einige Jahre dort gelebt, bevor ich Kinder hatte.« Maria ruft ihren ältesten Sohn heran. »Das ist Silvio, er kann mit euch dorthin fahren.« Teresas Tante küsst Silvio auf den Kopf, der seine Mutter angewidert abschüttelt.
»Mama, ich bin schon fünfzehn!«
Maria lacht herzlich und nimmt ihre jüngste Tochter Daniela auf den Arm, die am Daumen nuckelt und mich aus Kinderaugen ansieht. »Man kann nichts machen: Irgendwann werden sie groß.«

Marias Vater fährt uns ein Stück aus der Stadt heraus. Silvio, Artjom und ich sitzen zusammengequetscht auf der Rückbank, ich in der Mitte. Wir holpern über Schlaglöcher und werden ordentlich durchgeschüttelt.

Ich komme mir ein bisschen komisch vor, wie eine Touristin, die zu den Wohnungen fremder Menschen fährt. Ich kann mir unter den Cuevas nicht so richtig etwas vorstellen. Silvio und sein Großvater plappern auf Spanisch, Artjom fällt ab und zu mit einem Lachen ein. Ich fühle mich ausgeschlossen und ich glaube, Artjom merkt das. Er legt jedenfalls seine Hand auf mein Knie und lacht nicht mehr mit, sondern sieht unbeteiligt aus dem Fenster. Zur Belohnung darf er die Hand liegen lassen. Zumindest sage ich mir, dass ich sie nur deshalb nicht von mir schiebe.

»Wir steigen aus!«, ruft Silvio und im selben Augenblick bremst der alte Mann so ruckartig, dass ich in meinem Gurt nach vorne geschleudert werde.

Dankbar steige ich aus, verabschiede mich und setze meinen Rucksack auf. Silvio sagt noch kurz etwas auf Spanisch, winkt und dann macht das klapprige Gefährt eine Kehrtwendung und rast zurück über die unbefestigte Straße.

»Lasst uns gehen«, sagt Silvio und beginnt in strammem Tempo loszumarschieren.

Wir laufen lange und schon nach wenigen Minuten spüre ich, wie mir der Schweiß den Rücken unter dem Rucksack hinunterrinnt. Ich erkenne erst sehr spät, dass die Cuevas sich schon direkt vor mir befinden. Als ich etwa fünfzig Meter vor ihnen stehe, sehe ich die dunklen Löcher vereinzelt in dem grüngrauen Hügel.

»Sind sie das?«, frage ich.

Silvio nickt. »Eine alte Freundin meiner Mutter wohnt hier. Wir werden sie besuchen.«

Mit einer ausladenden Geste macht er uns auf das Panorama aufmerksam. »Diese Cuevas sind sehr ursprünglich, es gibt auch luxuriösere, die zur Hälfte in der Höhle liegen, aber auch einen Teil feste Außenmauer haben.« Er beginnt den Anstieg. »Folgt mir!«

Wir haben noch nicht einmal die Höhe der ersten Cuevas erreicht, als lautes Hundegebell ertönt, gefolgt von der Stimme einer jungen Frau.

»Mimi! Mimi!« Dann einige Worte Spanisch, die ich nicht verstehe. Etwa zwei Cuevas über mir kommt sie aus einem Höhleneingang in einer weiten Hose, die im Wind bunt flattert. »Mimi!«

Der Hund rennt auf mich zu. Er ist klein und dünn, seine Zunge hängt aus dem Maul und um das Auge hat er einen braunen Fleck. Er bleibt vor mir stehen und bellt mich freundlich an. Die junge Frau ruft mir auf Spanisch etwas zu, doch als sie merkt, dass ich sie nicht verstehe, versucht sie es auf Englisch und Deutsch.

»Kannst du Mimi festhalten? Ich komme runter!« Ich suche nach einem Halsband oder etwas Ähnlichem, aber da ist nichts. Also fasse ich den Hund um den Bauch und streichle das weiche Fell. Artjom kommt mir zu Hilfe und hockt sich neben mich.

Die Frau klettert den Abhang herunter und ist kurz darauf bei uns. Ihre Wangen glühen rot, in ihrem Nasenflügel steckt ein kleiner goldener Ring und ihr Kopf ist von hellblonden Dreads umgeben, die mich an Sonnenstrahlen erinnern. Als sie mich ansieht, habe ich das Gefühl, sie könne direkt in mein Innerstes blicken.

»Danke«, sagt sie auf Deutsch. »Du verstehst mich, oder?« Ich nicke und lasse den Hund los.

»Normalerweise kann Mimi herumlaufen, wo immer sie möchte, aber ich war gerade dabei, ihre Läuse auszukämmen. Das mag sie gar nicht!«

Ich schüttle mich kurz beim Gedanken an die Läuse, doch dann lache ich. »Das kann ich verstehen.«

Silvio sieht mich etwas ungeduldig an. »Können wir weiter?«

»Wohin wollt ihr denn?« Jetzt spricht sie wieder Englisch.

»Wir besuchen Elsa, eine Freundin meiner Mutter.«

Da klatscht sie in die Hände.

»Bei ihr wohne ich gerade. Kommt mit, wir trinken Tee!«

19.

In der Höhle ist es angenehm kühl. An die Wand ist eine kleine Katze gemalt und wir bleiben im vorderen Bereich, wo ein schmaler Tisch und vier Stühle stehen, die nicht zusammenpassen. Eine Frau in Marias Alter begrüßt uns. Sie spricht kein Englisch, aber sie beginnt, auf Silvio einzureden, der ihr offenbar kurz etwas über uns erzählt und mit dem sie sich dann weiter in ihrer Muttersprache unterhält.

»Ich bin Lara«, sagt die junge Frau mit dem Hund und umarmt mich und Artjom fest und lang. Sie setzt sich an den Tisch und schenkt uns allen lauwarmen Tee aus einer bauchigen Kanne ein.

»Du sprichst sehr gut Deutsch«, sagt Artjom und sieht sie an.

Ich werde etwas eifersüchtig, kann seinen Blick aber auch verstehen. Sie ist wunderschön. Ihre Augen sind groß und von hellen Wimpern umrahmt. Ihre nackten Füße hat sie auf den Stuhl gezogen und ihren Kopf auf die Knie gelegt. Mit der rechten Hand streichelt sie Mimi, die sich auf dem Stuhl neben ihr zusammengerollt hat.

»Ja, ich komme aus Deutschland, aber seit einem Jahr bin ich hier.«

»Hier?«, frage ich. »In diesen Höhlen?«

Sie schüttelt den Kopf und ein Glöckchen in ihrem Haar klingelt leise. »Nein, eigentlich lebe ich mit Freunden auf Teneriffa in Höhlen über dem Strand.«

»Ach was! Auch in einer Höhle?«, fragt Artjom erstaunt. »Ein ganzes Jahr lang?«

»Na ja, auf Teneriffa bin ich noch nicht so lange. Aber wer weiß? Viele Höhlen sind leider sehr vermüllt, eine haben wir uns ganz wohnlich eingerichtet. Wir haben Matratzen auf einigen Stufen, eine Kochstelle, aber das Essen hängen wir wegen der Ratten schon auf.«

Ein Schauer läuft mir den Rücken hinunter. Ein großes Stück Bewunderung ist dabei.

»Und was esst ihr? Wie wascht ihr euch? Was macht ihr den ganzen Tag?« Ich komme mir indiskret vor, wie eine Besucherin im Zoo, aber die Fragen brennen mir auf den Lippen. Ein Leben, das so anders ist als das meine.

»Wir essen, was wir kriegen können. Ab und zu geht jemand einkaufen. Wir klauen manchmal auf den Bananenplantagen und kochen die rohen Bananen, das schmeckt wie Kartoffeln.« Sie lacht und Mimi sieht kurz auf. »Na ja, wir lesen viel und tanzen und machen zusammen Musik und malen. Und zum Duschen und Wasserholen gehen wir runter zur Stranddusche. Da trifft man immer Leute.« Sie trinkt einen Schluck Tee. »Es ist ein anderes Leben als in Deutschland, aber ich mag es.«

Ihre Zehen spielen mit dem Saum ihrer Hose. Silvio und Elsa reden noch immer im Hintergrund, doch im Moment sehe ich nur Lara. Sie hat eine besondere Stimme, eine besondere Art zu reden, auch wenn ich nicht genau beschreiben kann, was so anders an ihr ist. Faszinierend, geheimnisvoll, warm.

»Wo warst du vorher?«, fragt Artjom, der genauso interessiert scheint wie ich.

»Auf La Gomera, da ist mir Mimi zugelaufen.« Beim Klang ihres Namens spitzt die Hündin die Ohren. »Und davor war ich in León, im Ökodorf Matavenoro, und habe ein halbes Jahr lang dort gelebt und gearbeitet.«

»Was für ein Ökodorf?« Diese Frage kommt wieder von mir.

»Die Menschen leben dort nach den Grundsätzen der Rainbow-Philosophie als Gemeinschaft. Ich habe dort auf zwei kleine Mädchen aufgepasst und durfte dafür bei der Familie wohnen und essen. Ich habe auch beim Gemüseanbau geholfen, Wasser geholt, Fensterrahmen gestrichen, Sträucher geschnitten ...« Sie stutzt kurz. »Jetzt, wo ich das erzähle, merke ich, dass ich wirklich viel gemacht habe.« Sie lacht wieder fröhlich. »Und ich war sehr oft hungrig!«

»Von was genau habt ihr euch ernährt?«

Sie streicht sich einen Dread hinters Ohr. Als er nicht hält, teilt sie ihre Dreads in zwei Hälften und macht einen großen Knoten auf ihrem Kopf.

»Es war immer sehr einfache Kost. Viel Salat mit Kräutern, die dort wuchsen. Einmal die Woche wurde Brot gebacken – und manchmal gab es auch Pizza. Nüsse, Obst, ein Nachbar hatte eine Kuh und Bienen, dort haben wir Milch geholt.« Sie schenkt uns Tee nach. »Einmal habe ich in einem Buch fünfzig Euro gefunden. Beim nächsten Einkauf habe ich Zutaten für Pfannkuchen gekauft und für alle Essen gemacht, so hatte die ganze Gemeinschaft etwas davon.«

Ich merke, wie sie in Erinnerungen verfällt.

»Oh, und einmal war Besuch aus Deutschland da, der ein Glas Schokoaufstrich mitgebracht hat. Das war paradiesisch!«

»Heißt das ...«, beginnt Artjom und ich sehe, wie er nachdenkt, »ich könnte auch dorthin reisen, nach Arbeit fragen und eine Weile dort leben?«

Sie nickt. »Ja, klar.«

»Kannst du mir den Namen aufschreiben?« Er hält ihr einen Kugelschreiber hin und sie kritzelt etwas auf seinen Arm.

»Das Dorf ist im Nordwesten«, sagt sie, »am Jakobsweg.«

»Danke.« Artjom sieht sie lange an.

Ich ahne, was er denkt.

»Kennt ihr schon die heißen Quellen?«, fragt Lara. »Ich zeige sie euch!«

Als wir am Abend zu den Höhlen zurückkehren, fühle ich mich so aufgefüllt von Natur und guten Gedanken, gereinigt von den Widrigkeiten, die ich in meinem Kopf sonst von rechts nach links wälze. Ich bin glücklich, Lara begegnet zu sein.

Den Nachmittag haben wir in drei sumpfigen Löchern mit natürlichem warmem Wasser verbracht, inmitten von Olivenfeldern, und im Gegensatz zur Innenstadt von Granada von Touristen vollkommen unentdeckt. Wir erfuhren, dass Lara als Kind ihre Mutter gebeten hat, eine Waldorfschule besuchen zu dürfen. Und dass sie eine Ausbildung zur tiermedizinischen Fachangestellten angefangen und nie beendet hatte.

»Ich habe im Moment noch nicht einmal eine Krankenversicherung«, erklärt sie uns, »mir darf also nichts passieren. Aber bisher habe ich wohl mindestens sieben Schutzengel gehabt.«

Ich bin erschöpft, als wir endlich die Höhlen erreichen. Elsa hat uns Teller mit belegten Weißbroten bereitgestellt und Silvio sitzt neben Mimi und streichelt sie. Er hatte in der Höhle bleiben wollen, anstatt mit zu den Quellen zu kommen. Seine Mutter erlaubt ihm keinen Hund, deshalb nutzt er jede Sekunde, die er mit Mimi verbringen kann.

»Ich habe mit meinem Großvater vorhin besprochen, dass er uns um zehn wieder abholt.«

Etwas nagt an mir. Eben war ich noch so glücklich und jetzt fühle ich mich lustlos. Dann weiß ich es.

»Meint ihr, dass ich heute Nacht hier übernachten kann?«

»Klar«, sagt Lara. »Elsa hat sicher nichts dagegen.«

Artjom guckt skeptisch. »Ich finde, wir sollten unseren Gastgebern ein wenig Höflichkeit erweisen und ihnen nicht noch mehr Aufwand machen, wenn wir jetzt sogar abgeholt werden.«

Das trifft. »Ja … du hast recht«, sage ich.

Fast zwei Stunden später sitzen wir wieder zusammengepfercht auf der Rückbank des Autos. Silvio ist eingeschlafen. Und ich habe das leise Gefühl, dass ich meinem Pflichtgefühl zugunsten meines Herzens nachgegeben habe.

20.

Am nächsten Morgen werde ich vom Geräusch der Kinder geweckt, die im Raum nebenan herumtollen. Schlaftrunken setze ich mich auf und suche nach dem Kalender, den meine Eltern mir geschenkt haben. Ich schreibe über Lara. Sie scheint mir eine Person zu sein, die dem gleichen Kulturkreis entstammt wie ich und die sich entschieden hat, einen ganz anderen Weg einzuschlagen. Ich bewundere sie und obwohl ich sie nur diesen einen Tag erlebt habe, fühle ich mich ihr verbunden. Besonders, anders, warm.

Fast den gleichen Text schreibe ich auf eine Postkarte für Sophie. Ich schmiere mir meine Lippen mit rotem Pflegestift ein und drücke einen schmierigen Kuss über meinen Namen. Ich wünsche mir, ein bisschen mehr wie Lara zu werden.

Als ich die Postkarte beendet habe, erwacht Artjom. Wir sehen uns in die Augen, eine Spur zu lange für unser freundschaftliches Verhältnis, wie ich finde. Ich reiße meinen Blick los, springe demonstrativ auf, schlüpfe in die Kleider und beginne im Reiseführer zu blättern, um herauszufinden, was wir heute unternehmen können.

»Was sagst du zu Strand.«

Artjom gähnt. »Wunderbar.«

Mit einem riesigen von Maria gepackten Picknickkorb und einer Decke unterm Arm erreichen wir den Strand. Wieder hat der Großvater uns beinahe eine Stunde lang aus Granada herausgefahren und wird uns später wieder abholen, was mir etwas unangenehm ist, aber er und Maria ließen sich nicht abhalten und betonten, dass es absolut keine Umstände mache. Das Meer ein blauer Streifen am Horizont. Ich atme die salzige Luft ein. Eigentlich ist es noch zu früh zum Baden, aber ich finde, wenn ich schon mal in der Nähe des Meeres bin, dann muss ich das auch nutzen.

»FKK«, liest Artjom auf einem mehrsprachigen Schild.

»Muss das sein?«, murre ich und denke an die kleinen Polster auf meinen Hüften.

»Muss nicht, aber von mir aus können wir hierbleiben. Außer uns ist sicherlich eh niemand da.«

Ich verschweige, dass es genau der Gedanke, nackt und alleine neben Artjom am Strand zu liegen, ist, der mich abschreckt, und folge ihm in einigen Metern Abstand über den weichen Sand.

Nachdem wir die Decke ausgebreitet und es uns gemütlich gemacht haben, stützt Artjom, der auf der Seite liegt, seinen Kopf auf die Hand und sieht mich an.

»Ich möchte morgen gerne weiterreisen.«

»Ich auch.«

»Wir können erst nach Barcelona und wenn wir dann schon im Norden sind, als Kontrastprogramm zu der Partystadt in das Ökodorf reisen, von dem Lara erzählt hat.«

Ich runzle skeptisch die Stirn. »Ich möchte aber nicht mehrere Wochen dort bleiben, so viel Zeit habe ich nicht.«

»Ich glaube, so viel Zeit *willst* du nicht.«

Darauf erwidere ich nichts, sondern ziehe mir die Kapuze meines Pullovers auf den Kopf. Wir sind noch angezogen und der Wind bläst doch stärker als gedacht.

»Artjom ...«, beginne ich, »ich möchte nicht nach Barcelona. Ich will noch ein bisschen in Andalusien bleiben.«

»Immer noch?!« Er verdreht die Augen. »Ich finde, wir könnten ausnahmsweise mal an den Ort reisen, den ich mir wünsche.«

Das schlechte Gewissen zieht sich in meinem Bauch zu einem Knoten zusammen und wird auch bei folgenden Worten nicht besser: »Aber genau das ist es, was ich lernen will: das tun, was mein inneres Gefühl mir sagt. Und wenn dein Gefühl Barcelona sagt, dann müssen wir uns vielleicht trennen.«

Der Wind trägt meine Worte davon, doch ich weiß, dass Artjom mich verstanden hat. Er legt sich hin und starrt in den Himmel.

»Weißt du«, beginnt er und seine Stimme klingt plötzlich leise, »wir haben die Reise zu zweit begonnen und für mich war klar, dass wir zu zweit bleiben.«

Ich versuche seine Hand zu nehmen, aber er zieht sie weg.

»Ich weiß«, gebe ich zu, »das dachte ich doch auch. Aber wie hast du so schön gesagt: Pläne sind zum Ändern da …«

»Ach, dieser dumme Satz …«, unterbricht er mich, packt meinen Oberarm und sieht mir ins Gesicht. »Liegt es an mir?«

»Absolut nicht!« Meine Stimme ist fest, meine Worte aufrichtig, das merkt auch er.

»Gut …«, murmelt Artjom und lässt mich los. »Entschuldigung. Natürlich kannst du tun, was du willst. Es hätte mich nur gefreut, wenn wir weiterhin zusammenbleiben würden. Ich genieße diese Zeit mit dir gerade sehr.«

Ein Kloß steigt in meinem Hals auf und mein leises »Ich auch« klingt gepresst.

Ich warte einen Moment, bis ich sicher bin, dass meine Stimme wieder normal ist, dann sage ich: »Was hältst du davon, wenn wir uns eine Weile trennen und uns in irgendeiner Stadt wieder treffen und weiterreisen? Wir bleiben in Kontakt und sehen uns, wenn wir ein gemeinsames Ziel haben.«

Er überlegt kurz, ich greife angespannt in den Sand.

»Ja«, sagt er dann nur, mehr nicht.

»Gehen wir schwimmen?«

Das Wasser ist kalt und schmeckt nach Wehmut.

Als Artjom mich an der Taille festhält und mir einen Kuss auf die Stirn drückt, spüre ich, wie mir eine Träne die Wange herunterläuft. Schnell tauche ich unter, damit er sie im Meer nicht mehr finden kann.

21.

Kurz vor dem Schlafengehen buche ich einen Fernbus zum nahe gelegenen Nationalpark Sierra Nevada. Von dort muss ich sehen, wie ich weiter nach Almería komme. Der Bus wird am nächsten Morgen schon um sechs Uhr abfahren, sodass ich meine Sachen frühzeitig packe. Artjom und ich beschließen, schon gegen elf schlafen zu gehen und nicht bis Mitternacht Abend zu essen. Eine Anspannung gibt es zwischen uns nicht, aber ein wenig Schwermut hängt in der Luft.

Als wir im Dunkeln nebeneinanderliegen, starren wir beide zur Decke. Kleine Lichtkreise von vorüberfahrenden Autos drehen sich an der Wand. Jetzt ist die entstehende Spannung zwischen uns fast greifbar, ich traue mich kaum, mich zu bewegen, ein Geräusch zu machen, und versuche sogar, meinen Atem so flach wie möglich zu halten. Ihm scheint es genauso zu gehen. Irgendwann kommt mir unser Verhalten albern vor, kindisch und überzogen.

»Was machen wir hier eigentlich?«, frage ich in die

Stille hinein, mit dem Vorsatz, dann gemeinsam über uns zu lachen, doch Artjom scheint es anders zu verstehen.

»Ja, was machen wir hier eigentlich«, erwidert er mit weicher Stimme, dann dreht er sich zu mir um und ergreift meine Hand. Die andere streichelt erst meinen Arm, mein Gesicht, meinen Bauch. Dann küsst er mich sanft auf die Lippen. Ich erwidere den Kuss reflexartig und lasse mich von ihm in seine Arme ziehen. Er riecht nach warmer Sommerluft, nach Gewürzen und wehendem Wind.

Ich denke daran, wie lange ich mich dagegen gesperrt habe. Ist es gut, was wir tun, ist es schlecht? Jedenfalls ist es morgen erst mal egal. Ab morgen reise ich allein weiter, ab morgen sehen wir uns nicht mehr jeden Tag. Sind keine Reisepartner mehr. Können tun, was wir wollen, alles Unvernünftige, Unüberlegte und Schöne.

Er küsst mich erneut und unsere Zähne stoßen aneinander. Wir kichern. Dann werden unsere Lippen wieder weich und vorsichtig. Er sieht mir tief in die Augen, sein Gesicht liegt im Schatten, doch ich sehe, dass er lächelt. Sein blauer Stein liegt auf meiner Brust. Er nimmt die Kette vom Hals und legt sie mir um. Sie fühlt sich kühl an auf meiner Haut. Seine Finger umspielen den Stein.

»Diese Reise mit dir ist das Schönste, was ich je erlebt habe«, flüstert er.

Ich streichle seinen Nacken, sein Haar, er nähert sein Gesicht wieder dem meinen. So richtig weiß ich nicht, wie mir geschieht. Ich fühle seine Hände auf meinem Körper, meine Wange an seiner, höre den Atem, schmecke die Lippen. Es hat etwas von einem Rauschzustand. Ich kann nicht raus, ich sollte, aber ich will nicht, ich möchte, dass es weitergeht. Der Stein in unserer Mitte verbindet uns. Als Artjom mich wieder küsst, drückt er sich unterhalb meiner Schlüsselbeine in die Haut.

Ich kann nicht sagen, wie lange das weitergeht. Die Zeit rauscht vorbei.

Irgendwann werden wir beide ruhiger, der Atem langsamer, die Küsse spärlicher, dann bleiben sie aus.

Als ihm die Augen zufallen, muss ich schon fast wieder aufstehen. Ich weiß, dass ich nicht mehr schlafen kann. Zwei oder drei Stunden liege ich neben ihm, lausche seinem ruhigen Atem, streichle sein Haar, küsse vorsichtig sein Gesicht.

Dann schlüpfe ich in die Kleider, greife den Rucksack, hinterlasse einen Zettel mit meinem Dank an Maria auf dem Küchentisch und verlasse die Wohnung auf Zehenspitzen. Draußen ist es noch dunkel. Mit federleichten Schritten mache ich mich auf den

Weg. Ich fliege. Ich fliege meiner eigenen Reise entgegen.

Die etwas über zwei Stunden zum Nationalpark verschlafe ich fast komplett. Der Bus ruckelt und ab und zu erwache ich davon, wenn meine Stirn gegen die Scheibe schlägt. So macht sich mein Schlafmangel nun doch bemerkbar.

Als ich neben einigen anderen Nationalparkbesuchern aussteige, stehe ich auf einem Steinweg inmitten riesiger grüner Berge, Hügel mit hartem Bewuchs und trocken aussehenden Bäumen. Die Landschaft ist so weit, der Himmel so blau und alles sieht genauso aus, wie ich mich gerade fühle: weit, offen, unentdeckt.

Während die anderen sich noch eine Weile umschauen und bewundernde Rufe ausstoßen, mache ich mich sofort auf den Weg. In meinem Rücken fotografieren sie und ich überlege kurz, ebenfalls mein Handy zu zücken. Ich entscheide mich dagegen. Diesen Moment, diese Landschaft, diese Schönheit kann kein elektronisches Gerät festhalten.

Mein Schritt wird wieder schneller, für den Moment scheint meine Müdigkeit wie weggeblasen. Ich laufe eine Stunde ohne Pause, kann den Blick nicht von den Bergen lösen, träume, laufe, meine Füße tragen mich, ohne dass ich mich anstrenge. Sosehr ich Artjom mag, so schön unsere Nacht war, so bedeutsam scheint es mir auch, jetzt alleine zu sein. Er ist wichtig für mich, ohne ihn wäre die Reise nie so einzigartig verlaufen wie bisher. Ohne ihn hätte ich kaum den Mut gehabt, sie überhaupt zu starten.

Ich spüre seinen blauen Stein um meinen Hals, meine Haut hat ihn aufgewärmt und ich habe das Gefühl, einen Teil von ihm bei mir zu tragen.

Nach meiner ersten kleinen Wanderung werde ich hungrig und lasse mich unter einen Baum fallen. Ich habe gestern noch Früchte gekauft, die ich als Erstes esse, gefolgt von Brot mit einem Töpfchen Oliven und natürlich Olivenöl. Danach fühle ich mich gestärkt, der volle Magen erschöpft mich aber auch. Das Wetter ist so schön und die Temperatur angenehm. Ich blicke mich um. Außer der weiten Natur ist niemand zu sehen. Den Rucksack schiebe ich mir in Form gedrückt unter den Kopf und rolle mich zusammen. Eine kleine Pause kann mir nicht schaden, ich habe ja noch den ganzen Tag lang Zeit, den Nationalpark zu erkunden.

Bei meinem Erwachen ist das Erste, was ich bemerke, die Sonne, die auf der anderen Seite des Himmels steht. Ich springe auf und wühle in meinem Rucksack nach meinem Handy. Siebzehn Uhr. Ich habe den ganzen Tag verschlafen!

»Mist!«, fluche ich, dann zwinge ich mich, zur Ruhe zu kommen. Warum der Stress? Ich habe doch alle Zeit der Welt.

»Du hast lange geschlafen.«

Ich wirble herum und sehe auf der gegenüberliegenden Seite des Baumes einen jungen Mann sitzen. Sein schwarzes Haar reicht ihm etwas über die Ohren, seine gebräunte Haut ist von dunklen Sommersprossen übersät und seine grünen Augen stechen so sehr hervor, dass mir fast schwindelig wird. Auf dem Schoß liegt ein Zeichenblock, in seiner Hand ein Bleistift.

Er steht auf, legt seine Zeichenutensilien zur Seite und kommt auf mich zu. Seine Augen wirken so hypnotisierend auf mich, dass ich mich nicht abwenden kann, nicht mal wenn ich wollte.

»José«, sagt er und hält mir seine Hand hin. Ich ergreife sie. Sie ist warm und rau.

»Greta«, räuspere ich mich. Wir sehen uns an.

»Sitzt du schon lange hier?« Eine bessere Frage fällt mir nicht ein und ich bin froh, überhaupt etwas über die Lippen zu bringen. So etwas habe ich noch nie erlebt, erstarrt und bezaubert zugleich!

»Ein paar Stunden«, erwidert er und deutet auf

seinen Platz. Er redet Englisch mit mir, mit leichtem spanischem Akzent. Eine rote Decke liegt ausgebreitet dort, Obst und eine Flasche Wasser neben dem Zeichenblock.

»Ich komme manchmal her und zeichne die Natur.«

»Aha.« Mehr kann ich nicht sagen und hoffe, dass er mich nicht für unhöflich hält.

»Ich verfalle manchmal in eine Trance, sodass ich auch erst Stunden später von meinem Block aufblicke, als würde ich erwachen. Deshalb habe ich immer etwas zu essen dabei, denn manchmal passiert es mir, dass ich den ganzen Tag nichts zu mir nehme und dann von der einen auf die andere Sekunde Riesenhunger habe.«

Jetzt, wo er es sagt, spüre ich auch meinen Magen und wie auf Kommando gibt er ein lautes Knurren von sich. Peinlich berührt lege ich mir die Hand auf den Bauch.

Er lacht laut. »Sag ich doch!«

Dann winkt er mich zu sich herüber und setzt sich auf die Decke. Ich laufe ihm vorsichtig nach, den Rucksack in der Hand und lasse mich neben ihn fallen. »Bedien dich!«, sagt er und deutet auf die Früchte. Aus einer Tasche legt er Brot und ein Glas rote Soße dazu. Ich greife nach einer Orange.

»Was hast du gemalt?«, frage ich und pikse mit den Fingernägeln ein Loch in die Schale.

»Och«, erwidert er ausweichend, »so dies und das ...«

Ich halte im Schälen inne und lege den Kopf schräg. »Das heißt?«

»Blumen, Bäume, den Berg ... und ehrlich gesagt auch dich. Ich habe selten ein Modell, das so geduldig liegen bleibt!«

Ich trenne die erste Spalte von der Orange und versuche, mir nicht anmerken zu lassen, dass mich eine freudige Erregung ergriffen hat. Die Frucht ist saftig und süßer als erwartet.

»Darf ich es sehen?«

Er blättert einige Seiten im Block zurück und reißt ein Blatt heraus. Erst sieht er es sich selbst mit kritischem Blick an, dann dreht er es um.

Ein schlafender Engel. Langes, fließendes Haar, eine Strähne mit Perlen darin. Zusammengerollt wie ein Baby, ein seliges Lächeln auf den Lippen, Hände, die das Gesicht stützen, alles mit filigranen Bleistiftstrichen gezeichnet. Sie ist wunderschön.

Ich muss vor Lachen prusten, ein Stück vom Fruchtfleisch fliegt aus meinem Mund, doch José ignoriert es geflissentlich.

Er zieht die Stirn kraus.

»Du lachst? Findest du es so lächerlich?«

»Nein, nein«, beeile ich mich zu sagen, »es ist wunderbar! Nur ...« Jetzt lege ich die Orange beiseite, »so sehe ich nicht aus. Sie ist perfekt, aber das bin ich nicht.«

»Guck mal«, er reißt drei oder vier Seiten aus dem Block, »ich male *nur,* was ich sehe. Ich beschönige nichts.«

Die Blume, die er mir als Erstes zeigt, erkenne ich, sie wächst unweit der Decke. Das eine Blütenblatt hängt schlaff herab, der Stil ist etwas schief gewachsen. Er hat sie genau so gezeichnet, wie sie vor uns steht. Auch der Berg sieht exakt aus wie jetzt, nur die Wolken sind nicht mehr da. Die letzte Zeichnung zeigt den Baum, unter dem ich geschlafen habe. Knorrige Äste, zwei davon tot, hervorstehende Wurzeln und angeknabberte Blätter. Alles ist genauso dargestellt, wie es in natura ist. Keine Beschönigung, ein Perfektionist darin, Unperfektes zu zeigen. Nur das schlafende Mädchen nicht. Sie ist zu schön, um wahr zu sein. Trotzdem gerate ich ins Grübeln.

»So sah ich aus?«, frage ich zweifelnd und er hebt drei Finger in die Luft.

»Ich schwöre.«

Kurz betrachten wir das Bild gemeinsam, dann fragt er: »Du magst es?«

»Ob ich es mag? Es ist einzigartig schön!«
»Ich schenke es dir.«
Verblüfft sehe ich ihn an, er muss lange daran gezeichnet haben. »Wirklich? Ich ... danke!«
Er reicht es mir und als er lächelt, scheinen seine Augen noch grüner als vorhin zu sein. Ich packe meinen Kalender aus und lege es vorsichtig zwischen zwei Seiten. Es fühlt sich so an, als habe man mir einen Schatz geschenkt, einen sehr, sehr wertvollen Schatz.

22.

Wir sitzen gemeinsam unter dem Baum und sehen in die Landschaft, bis die Sonne so tief hängt, dass ich darüber nachdenken muss, wie ich nach Almería komme und wo ich schlafen kann.

Als ich meine Sorge äußere, sagt José: »Ich bin mit dem Auto da, ich studiere Biologie in Málaga. Deshalb die Zeichnungen, es war tatsächlich nicht nur Spaß an der Kunst. Jedenfalls ist Málaga nicht allzu weit.«

»Und ... würdest du mich mitnehmen?«

»Na klar, wenn es dir nichts ausmacht, vorerst nicht nach Almería zu reisen ...«

»Nein, macht es nicht ...«, rufe ich dazwischen und meine Überschwänglichkeit ist mehr als auffällig.

»Na, dann los!«

Wir packen alles zusammen und machen uns auf den Weg. So komme ich doch noch zu einem zweiten Spaziergang, denn bis wir am Auto angekommen sind, vergeht eine weitere Stunde. Die Luft ist klar und es wird immer dunkler. Ich atme tief ein und es fühlt sich an, als würde der sauberste Sauerstoff in meine Lunge fließen, gereinigt von allem, was die Luft an Schmutz beinhalten kann.

Josés Auto ist rot und zerbeult. »Keine Sorge, es fährt«, lacht er, als er meinen zögernden Blick bemerkt.

»Ich vertrau dir mal.«

Dann steige ich ein und schnalle mich an.

Gemeinsam fahren wir durch den Abend. Es läuft Gitarrenmusik von einer Kassette und wir reden nicht. Ab und zu sehe ich zu ihm hinüber, zweimal begegnen sich unsere Blicke und wir lächeln. Ich frage mich, ob er auch von Zeit zu Zeit den Kopf zu mir dreht, ohne dass ich es merke. Ich denke an Artjom, an letzte Nacht. Eigentlich glaubte ich immer, ich würde eine lange Zeit brauchen, ehe ich jemanden *wirklich* interessant finde. Bei Lukas war es so, bei Artjom und davor auch. Doch jetzt habe ich das erste Mal das Gefühl zu verstehen, was Leute meinen, die von Liebe auf den ersten Blick sprechen. Das klingt jetzt kitschig und pathetisch und so weit möchte ich nicht gehen, aber das elektrisierende Gefühl, wenn ich José, einen fast Fremden, anblicke, lässt mich plötzlich daran glauben. Die ganze Fahrt über bin ich aufgeregt. Im Schein meiner jetzigen Situation verblasst die letzte Nacht und ich komme mir unfair dabei vor. Aber so ist es nun mal.

Fast drei Stunden dauert die Fahrt. Als ein Schild nach Málaga auftaucht, sagt José erstmals, seit wir den Nationalpark verlassen haben, etwas.

»Ich habe noch einen Schlafsack und zwei Decken im Kofferraum. Was hältst du davon, wenn wir am Strand übernachten?«

»Gern«, flüstere ich. Kaum ist das Auto abgestellt und das Gepäck herausgenommen, beginnen wir, uns zu küssen. Mein Atem rast, der seine auch. Auf die Art und Weise dauert es lange, bis wir endlich am Strand ankommen. Der Sand ist etwas feucht, meine Finger spielen mit Josés, wir breiten die Decken aus und legen uns hin. Wieder küssen wir uns und wieder. Nie hätte ich gedacht, dass mir so etwas passiert, niemals. Ich kenne ihn nicht. Kaum. Ich lache und drücke meine Lippen auf seine, ganz anders, als ich es letzte Nacht bei Artjom tat. Wir wickeln uns in die Decken ein, bis es warm wird, er streicht über meinen Rücken, ich rolle mich zusammen und er legt seine Arme um mich. Küsst mein Haar, meine Ohren, meinen Hals. Mir läuft bei jeder Berührung ein leichter Schauer den Rücken hinunter, aufregend und angenehm. Unsere Beine sind ineinander verknotet, ich drehe meinen Kopf, um ihn zu küssen. Seine festen

Lippen fühlen sich so stark und kräftig an. Viel stärker und kräftiger als Artjoms. Ein blöder Vergleich, egal. Mein Herz schlägt gegen meine Rippen, meine Sinne fokussieren sich nur auf ihn, ich kann nichts anderes mehr riechen, schmecken oder fühlen. Ich glaube, ihm geht es genauso.

Und irgendwann schlafe ich trotz der frischen Brise in Josés warmen Armen ein.

Wir erwachen beide früh, zitternd, mit feuchtem Haar. Meine Zähne klappern und ich versuche, mich in eine der Decken zu hüllen, doch sie ist ebenfalls feucht und hilft nicht. Meine Zähne schlagen laut aufeinander. Auch Josés Lippen wirken leicht blau. Ich kann den Anblick kaum ertragen und drücke die meinen darauf, in der Hoffnung, ihn etwas zu wärmen.

»Besser«, sagt er und bei seinem Lächeln bewegen sich die Sommersprossen um seine Nase nach oben.

»Wollen wir fahren?«, frage ich zwischen Zähneklappern und José nickt.

Wir pellen uns aus den Decken, stopfen den Schlafsack zusammen und gehen bibbernd Richtung Auto. Dieses Mal scheint der Weg viel kürzer zu sein. Als die rettende rote Karosserie erscheint, beginnen wir zu rennen. Ich versinke im Sand, meine Schuhe voll kleiner Körner. Beim Ankommen sind wir außer Puste.

»Lass uns frühstücken. Bei mir zu Hause.«

»Du nimmst mich mit?« Gehofft habe ich es natürlich, aber nicht das Gefühl, nach einer Nacht diesen Anspruch stellen zu können.

»Wohin du willst«, flüstert er und schiebt die Kassette in das Laufwerk.

»Der blaue Stein um deinen Hals ist wunderschön«, bemerkt er noch, bevor er den Motor anlässt, »er sieht besonders aus.«

Ich greife mit der Hand danach. »Das ist er auch. Ein Geschenk von einem besonderen Freund.«

Das Erste, was wir tun, als wir die WG betreten, ist heiß baden. Wir lassen ständig Wasser nachlaufen, bis Josés Mitbewohner anklopft und sich beschwert, weil er dringend auf die Toilette muss. Schweren Herzens erheben wir uns, meine Finger sind schon schrumpelig, mein Körper dampft. José steigt als Erster aus der Wanne. Ohne sich abzutrocknen, greift er nach einem dicken, weißen Handtuch und legt es mir über die Schultern. Ich steige über den Rand der Wanne und er beginnt, mich sanft abzutupfen. Er lässt sich Zeit. Es ist fast wie eine Massage. Erst als er jedes meiner Körperteile getrocknet hat, greift er selbst nach einem Tuch und beginnt, sich abzurubbeln. Ich bin überrascht, dass ich mich nicht schäme. Mit Artjom war mir allein der Gedanke fremd, nackt im Meer zu baden.

Vor der Tür wartet der Mitbewohner, die Beine überkreuzt, die Hand auf den Schritt gedrückt. Er ist dicklich, hat einen leichten Bart und ruft etwas auf Spanisch, als er ins Bad rennt.

José lacht laut und sagt: »Darf ich vorstellen? Gaetano.«

Ich wundere mich, warum Gaetano nicht irritiert ist, dass eine völlig Fremde in ein Handtuch gewickelt mit José aus dem Badezimmer kommt, doch ich schüttle das Gefühl ab. Es geht mich nichts an, ich bin *jetzt* hier.

Wir gehen zusammen in die kleine Küche. Sie zeigt auf einen Lichthof hinaus und hat einen Balkon. Einige schmutzige Töpfe stehen herum, an den Wänden hängen Poster und es sieht so sehr nach WG aus, dass ich mich ein bisschen an Sophies Wohnung erinnert fühle.

Ich suche meinen Rucksack und ziehe zerknitterte, aber frische Kleidung heraus.

»Kann ich später bei dir waschen?«, frage ich und wieder sagt José: »Du kannst bei mir machen, was du willst.«

Er greift nach einer kleinen Espressokanne und

setzt Kaffee auf. Der spanische Kaffee erinnert mich, wenn ich ihn schwarz trinke, inzwischen ein bisschen an Schokolade.

»Setz dich raus in die Sonne, ich bringe dir gleich etwas zu essen.«

Ich trete auf den Balkon und lasse mich auf einen spröden Klappstuhl aus Holz nieder. Den Aschenbecher auf dem Tisch stelle ich auf den Boden, dann schreibe ich eine Postkarte an Sophie, die ich später zum Briefkasten bringen werde. Dafür, dass ich zum Frühstück Kaffee und vielleicht Kekse oder etwas Weißbrot erwarte, dauert es erstaunlich lange. Ich höre Töpfe klappern, spritzendes Fett, brechende Eierschalen und allmählich bekomme ich den Eindruck, dass es doch etwas aufwendiger wird.

Als José ein voll beladenes Tablett zu mir nach draußen balanciert, breitet sich ein köstlicher Duft aus.

»Das riecht ja lecker!«, strahle ich. »Was hast du denn alles gezaubert?« José stellt das Tablett auf dem Tisch ab und erst jetzt erkenne ich das vielfältige Angebot.

»Du siehst hier Tortilla mit Tomaten und Zucchini, Obstsalat, frisch gepressten Orangensaft, frittierte Gemüseböllchen, Kaffee und natürlich Brot.«

Als Erstes schlürfe ich an dem Kaffee, doch er ist

noch so frisch aufgebrüht, dass ich ihn sofort zurück in die Tasse spucke. Ein bisschen landet auf der Postkarte. Das ist eigentlich ganz gut. Die Tasse stelle ich beiseite und zupfe stattdessen ein kleines Stück Tortilla ab, die aussieht wie ein perfektes rundes Omelette. Sie ist warm und die Zucchini trotzdem bissfest. Sofort schneide ich ein zweites, deutlich größeres Stück ab und nehme mir eine Scheibe Weißbrot aus dem Korb.

»Sag mal …«, beginne ich und José, der bisher selbst nichts isst, sondern mich nur lächelnd beobachtet, hebt gespannt die Augenbrauen.

»… hast du vielleicht auch Olivenöl?«

23.

Den Tag verbringen wir in der Stadt. Ich habe das Gefühl, selten in einer Stadt gewesen zu sein, die zu einem so großen Teil aus Hotels besteht wie Málaga. Alles, was ich sehe, erreicht mich nicht wirklich: nicht die Touristenmassen vor der Alcazaba, einer alten Festung, nicht die Bilder im Museu Picasso, die José mir unbedingt zeigen möchte, nicht der Geschmack von süßem Zitroneneis, der meine Zunge einhüllt und meine Kehle hinunterrinnt. Ich sehe nur ihn. Ihn, ihn, ihn. Jede einzelne Pore, jedes Barthaar, jede Falte, die sich bildet, wenn er lächelt. Schon als wir die WG verließen, nahm er ganz selbstverständlich meine Hand, warf mir dann einen fragenden Blick zu, um herauszufinden, ob das in Ordnung war. Zur Antwort schmiegte ich mich nur kurz an seinen Arm. Jetzt frage ich mich, wieso ich überhaupt noch so viel über Lukas nachgedacht habe. Wie lange kenne ich José? Noch nicht einmal vierundzwanzig Stunden.

Nachmittags setzen wir uns auf eine Bank vor Picassos Geburtshaus. Erst jetzt, wo wir eine Sekunde innehalten, kann ich meine Füße spüren, die vom vielen Laufen müde geworden sind.

»Lass uns ein Spiel spielen«, schlägt er vor.

»Ein Spiel?«

»Ja. Was hältst du von einer Geschichte? Wir wechseln uns ab.«

Die Geschichte fängt an wie ein Märchen mit einem weiten Land, in dem Feen und Drachen leben. Als ich sie fortführe, beginnt das Abenteuer der Drachenreiter. Wenn einer von uns nicht mehr weiterweiß, setzt der andere sofort ein. Die Geschichte endet erst, als die bösen Mächte vertrieben und die Drachenreiter gesiegt haben.

»Du bist eine gute Märchenerzählerin«, sagt José und streichelt meine Hand. »Du hast viele Ideen, viele fantastische, zauberhafte und einzigartige Ideen.«

Ich weiß nicht, was ich sagen soll, und werde stattdessen rot.

Er sieht auf seine Armbanduhr.

»Was bereitet ihr zu, wenn ihr in Deutschland grillt?«, fragt er plötzlich unvermittelt und ich weiche zurück.

»Was?!«

»Na ja«, er streicht mir über den Kopf. »Mein Mit-

bewohner und ich wollten heute Abend ein kleines Grillfest machen. Viele Freunde kommen und jeder bringt etwas für das Buffet mit. Ich dachte, wenn wir schon einmal ausländischen Besuch haben, lohnt es sich doch, etwas Neues kennenzulernen. Später beim Einkaufen könnten wir alles zusammensuchen.«
Ich denke an den Kartoffelsalat meiner Oma.
»In Ordnung«, sage ich. Und dann küssen wir uns fast so lange, wie wir die Geschichte erzählt haben.

Das Grillfest ist mehr als essen und trinken. Es ist ein Tanz, ein einzigartiger Tanz. Es sind bestimmt dreißig oder vierzig Leute da. Wir feiern in dem Lichthof, den ich heute Morgen von der Küche aus habe sehen können. Quer über den Hof sind bunte Girlanden und Lampions gespannt, Josés Mitbewohner und zwei weitere Freunde machen Musik mit Trommeln, Gitarren und Rasseln.
»Es ist schön, dich kennengelernt zu haben«, ruft José mir zu, während er eine Freundin herumwirbelt.
»Es ist schön, dich zu kennen«, entgegne ich und erhebe mein Weinglas in seine Richtung. Ich denke an meine erste Nacht in Madrid, die der jetzigen nicht unähnlich war. Nur war Artjom dabei und wir waren gerade erst unsicher und schwer beladen in Spanien angekommen. Das war vor einigen Wochen.

Ich fühle mich so verändert wie in den letzten fünf Jahren nicht mehr.

Mit geschlossenen Augen beginne ich zu tanzen, allein mit mir selbst. Das Handy in meiner Hosentasche vibriert. Ich werde aus meinem Tanz gerissen und sehe darauf. Eine SMS von Artjom. Sofort durchfährt mich ein schlechtes Gewissen, doch ich zwinge mich, es abzuschalten. Ich habe nichts getan, weswegen ich ein schlechtes Gewissen haben sollte!

Er schreibt, dass er seinen Plan geändert hat, gestern im Ökodorf angekommen ist und bereits Arbeit gefunden hat. Und dass er nur sehr selten die Möglichkeit und den Empfang hat, sich zu melden.

Ich bin erleichtert, es scheint ihm gut zu gehen. Offenbar folgt er seinen Plänen wie ich meinen. Und das ist das Wichtigste.

Das Essen wird wie immer spät eingenommen. Auf dem Buffettisch stehen Salate und kleine Teller mit Tapas. Mein Kartoffelsalat ist auch dabei. Die erste Ladung wird aus dem Ofen im Hof geholt: Fleisch, Fisch und Gemüse, das in Olivenöl schwimmt.

Ich höre erst auf zu essen, als ich mich kurz vorm Platzen fühle. José hat meinen Kartoffelsalat probiert. Er meinte, er schmeckt nach Himmel.

Die folgenden Tage kann ich kaum in Worte fassen. Ich denke so oft, dass José vom Schicksal geschickt sein muss. Wie er mich ansieht, berührt, wertschätzt, mich fragt, was ich gerne essen möchte, wie ich mich fühle, was ich mir wünsche. Ich schwebe in einer Wolke, in die wenig mehr passt als er. Ich merke kaum, wie die Zeit verfliegt. Ein Mal schreibe ich eine Postkarte an Sophie mit aufgeklebtem Sand und eine an meine Eltern in ordentlicher Handschrift, meine einzigen Kontakte zur Außenwelt. Wir fahren ans Meer, José geht zur Uni, holt mich abends ab und wir besuchen Bars. Er kocht und ich finde heraus, dass er Vegetarier ist und mit Gemüse besser umzugehen weiß als jeder sonst.

An einem Abend sitzen wir bei ihm im Zimmer, den Laptop auf den Knien. Er hat seinen Arm um mich gelegt, ich meinen um seinen Bauch geschlungen und mit jedem Atemzug rieche ich seinen Duft. Welchen Film wir sehen, bekomme ich kaum mit. Mein Handy klingelt. Ich ignoriere es. Dann klingelt es wieder. Und wieder.

Irgendwann streicht José mir eine Strähne aus dem Gesicht und fragt: »Möchtest du nicht rangehen?« Er drückt auf Pause und ich stehe widerwillig auf, gucke nicht auf das Display, wer mich da so penetrant stört.

»Ja?!«, motze ich in den Hörer.

»Hallo … hier«, die Stimme schnieft, »hier ist … Sophie.«

24.

»Und jetzt, was tun wir jetzt?!«

Wie festgefroren sitze ich auf dem kleinen Holzstuhl. Nachdem Sophie ihren Namen genannt hatte, verließ ich das Zimmer, um besseren Empfang zu haben. Ich habe fast Tränen in den Augen, so sehr nimmt mich die Verzweiflung meiner besten Freundin mit. Sie hatte eine Zwischenblutung und solche Panik, dass sie selbst einen Krankenwagen gerufen hat. Im Krankenhaus wurde sie untersucht, befragt, hin- und hergefahren. Im Endeffekt geht es dem Kind gut.

»Ich hab noch nie solche Angst gehabt und hab die ganze Zeit Panik, dass es wieder passiert, wenn ich zu Hause bin«, schluchzt sie.

»Warum war niemand bei dir und hat dir geholfen? Warum hat niemand den Ärzten gesagt, dass sie dich respektvoller behandeln sollen?«

»Markus will mit dem Kind nichts zu tun haben. Mein Vater meint, es ist vollkommen okay, schwanger zu werden, aber die Konsequenzen muss ich allein tragen. Ihn wollte ich deshalb nicht anrufen.«

»Und Pippo? Er ist immerhin dein Mitbewohner.«

»Wir wohnen nicht mehr zusammen. Er hat seine Ausbildung abgebrochen und ist zurück zu seinen Eltern.«

»Oh.«

In dem Moment wird mir bewusst, wie allein Sophie ist. Zu zweit und trotzdem schrecklich allein.

»Ja …«, gibt Sophie zu und ihre Stimme klingt jetzt fester, »das ist das zweite Problem. Ich muss ganz schnell jemanden für das freie Zimmer finden, sonst kann ich die Miete nicht bezahlen. Die meisten sind abgeschreckt, wenn sie hören, bald mit einem kleinen Menschen zusammenzuleben. Und drei, vier Tage soll ich eh noch hier im Krankenhaus bleiben, zur Beobachtung. Total bescheuert!«

Meine Gedanken drehen sich im Kreis, mein Herz rast, eine Stimme bricht aus mir heraus, ehe ich zu Ende gedacht habe, wie ein Instinkt, den ich nicht kontrollieren kann.

»Sophie, ich komme zu dir. Ich komme zu dir nach Deutschland und ziehe bei dir ein.« Erst jetzt erkenne ich, dass es meine Stimme sein muss.

Ich schlage mir die Hand vor den Mund, kaum habe ich meine Lippen wieder geschlossen. Warum sage ich das?! Ich will doch hierbleiben, bei José, ein Abenteuer erleben, Hand in Hand den Strand entlanglaufen, Olivenölbrote essen und auf den Sommer warten. Aber ich spüre, dass ich die Reise nicht mehr genießen kann. Und dass ich gerne für Sophie da sein möchte.

Sie fängt wieder an zu weinen. »Nein«, schluchzt sie, »nein, du sollst deine Reise ...«

»Vor allem sollte ich meiner besten Freundin helfen!«

Wir schweigen beide einen Moment.

»Wenn ich zurück bin, suche ich mir vorübergehend einen Job, dann kann ich die Miete bezahlen.«

»O...okay.« Sie zieht die Nase hoch. »Das ist das Allerschönste, das jemals ein Mensch für mich getan hat, Greta.«

Ich hadere lange mit mir und überlege, wie ich am schnellsten zu Sophie komme, ohne fliegen zu müssen. Meinen ökologischen Fußabdruck derart in die Höhe zu treiben widerstrebt mir zwar, andererseits denke ich, dass es Ausnahmesituationen gibt. Und dies ist eindeutig eine. Während José in der Küche Gemüse-Paella kocht, gehe ich heimlich an seinen Laptop. Ich will ihm nicht sagen, dass ich ihn verlassen werde. Es wäre zu real und es würde wehtun.

Die meisten Flüge sind zu teuer. Ich vergleiche Angebote von allen großen Flughäfen und beschließe, dass ich von Barcelona fliegen muss, wenn ich zeitnah und günstig nach Deutschland möchte.

»Aber wie komme ich nach Barcelona …?«, murmle ich, während ich weiter die Websites durchforste.

»Was sagst du?«, ruft José herüber und trocknet sich die Hände an einem Geschirrtuch ab.

»Nichts«, antworte ich, »nichts.«

Er kommt zu mir herüber und ich schließe schnell das Fenster der Airline. Als er die Arme von hinten um meine Schultern legt, bin ich angespannt.

»Was ist los?«, fragt er und riecht an meinem Nacken.

»Ich bin nur … hungrig.« Glücklicherweise sieht er nicht, wie ich mir auf die Lippe beiße.

»Na, dann will ich dich nicht unnötig warten lassen!«

Kaum ist er wieder an den Herd zurückgekehrt, klicke ich hektisch auf das Fenster. So schnell ich kann, buche ich den Flug, der noch geöffnet ist. Die Transaktion war gerade erfolgreich, als José mit einer dampfenden Pfanne Paella in der Hand herüberkommt. Ich zwinge mir ein Lächeln auf die Lippen.

Das Essen ist fantastisch, aber auf meiner Zunge schmeckt gerade alles bitter. Anders als sonst schaffe ich es nicht, meinen Teller zu leeren. Auch José fällt das auf. »Wirst du krank?«, fragt er.

»Vielleicht schon«, erwidere ich gepresst. »Wollen wir heute etwas Gemütliches machen, zu zweit, nur du und ich?«

Aufstehen muss ich, als es noch dunkel ist. Ich habe einen Zug nach Barcelona gebucht und Artjom am Vorabend geschrieben, dass ich die Reise beende und von Barcelona aus zurückfliege.

Seine Antwort folgt prompt: **Ich komme nach Barcelona.**

Ich weine still, während ich mich anziehe und den Blick nicht von José wenden kann. Er ist so schön, so einzigartig, so besonders, dass ich nicht wahrhaben kann, ihn jetzt zu verlassen. Ich beuge mich zu ihm hinunter und drücke einen zarten Kuss auf seine Stirn. Seine Lippen verziehen sich zu einem leichten Lächeln. Eine Träne tropft auf sein Gesicht. Ich lege den Brief, den ich verfasst habe, auf die leere Seite des Bettes und die Kette mit dem blauen Stein dazu. Artjoms, meine, Josés. Ich überlege, ob das taktlos ist, doch ich möchte, dass sie weitergereicht wird. Weiterreist mit guten Menschen.

Ich merke, dass ein lautes Schluchzen meinen Hals emporkriecht. Ehe ich es loslassen kann, stürme ich aus dem Zimmer, aus dem Haus, hinaus auf die dunkle Straße.

Die Zugfahrt dauert lang. Sehr lang, schließlich fahre ich aus dem Süden weit in den Norden. In Madrid steige ich um, dann geht es weiter, insgesamt fast sieben Stunden Reise. Der Flug geht um neun Uhr heute Abend. Am Mittag kommt eine SMS von José: **Ich habe es gewusst, nachdem ich die letzten Internet-Tabs geöffnet habe. Ich hoffe, wir sehen uns wieder.**

Ich weine. Ich weine so sehr, dass die alte Frau mir gegenüber schüchtern ein Bonbon herüberschiebt. Mit roten Augen versuche ich zu lächeln und nehme es. Zitrone. Und wieder schmeckt es sehr bitter.

Ich weiß, ich kann mich auf nichts festlegen, aber ich muss ihm antworten: **Das werden wir, José. Versprochen.**

Wenn er mich dann noch sehen und kennen will. Wieder wird der Kloß in meinem Hals hart und ein neuer Schwall Tränen bricht aus mir hervor. Nachdem ich mich ein wenig gefangen habe und glaube, wieder vorzeigbar auszusehen, wechsle ich das Abteil. Ich habe keine Lust, die ganze Fahrt die Blicke der Leute aus allen Richtungen auf mir zu spüren. Die Entscheidung war richtig. Ich fühle mich befreiter. Und endlich, endlich kann ich wieder gute Gefühle zulassen. Das erste davon ist Vorfreude. Auf Artjom und auf Sophie.

Ich sehe Artjom schon, als ich aus dem Zug steige. Er steht am Ende des Gleises, die Hände in den Taschen seiner Hose und sieht mich an. Er geht nicht auf mich zu, er breitet nicht seine Arme aus, aber er sieht mich an. Wartet, bis ich zu ihm komme.

Als ich etwa einen Meter vor ihm stehe, lächle ich. Auch sein Mundwinkel zuckt. Dann umarme ich ihn fest und er erwidert den Druck. Ich vergrabe mein Gesicht an seinem Hals, er hält meinen Hinterkopf und wir lassen die Menschen an uns vorbeiströmen.

Erst nach gefühlten Minuten löse ich mich von ihm.

»Du tust mir gut«, sage ich nur, »du tust mir gut.«

Er streicht mir über die Wange und lächelt jetzt wirklich.

»Gehen wir?«

Barcelona ist, wie ich es mir vorgestellt habe: groß, laut, modern. Es gibt hohe Häuser, viel Glas, Touristen und zum Glück auch Parks. Wir fahren eine Weile mit der Straßenbahn, ehe wir aussteigen und auf einen Park zugehen. Wir sprechen nicht, aber ab und zu sehen wir uns an.

»Wo ist die Kette?«, fragt Artjom.
»Ich habe sie verschenkt.«
Er schluckt.
»Als Glücksbringer, weil die Kette auch mir Glück gebracht hat.«
Artjom sagt nichts dazu, und ich bin froh darum.
Eine Weile laufen wir zwischen den Bäumen umher, auf der Suche nach dem perfekten Platz. Ich weiß nicht, ob es ihn gibt, aber irgendwann sage ich: »Wollen wir uns setzen?«
In seinem Beutel hat Artjom eine dünne Decke, die er auf dem Rasen ausbreitet und auf der wir uns niederlassen. Wenige Meter entfernt steht eine junge Frau auf einer Slagline und wird von einer Freundin gestützt.
Wir sehen uns grinsend an, dann prusten wir los. Endlich ist das Eis gebrochen.
»Danke, dass du hergekommen bist«, sage ich. »Wirklich, das bedeutet mir sehr viel!«
Artjom nickt. »Na klar! Ich hatte Glück. Vor zwei Tagen kam Besuch aus Deutschland nach Matavenero, die sich eh auf den Rückweg machen wollten. Sie haben mich ein Stück mitgenommen, sodass ich dann leicht einen Zug nehmen konnte. Das Dorf zu verlassen ist nämlich gar nicht so einfach.«
»Besuch aus Deutschland?«

»Ja, Freunde von der Familie, bei der ich im Moment arbeite und lebe. Sie haben Schokoaufstrich mitgebracht und die Kinder haben sich vor Freude kaum eingekriegt, so selten gibt es das!«

»Stimmt, das hatte Lara auch erzählt.« Ich strecke die Beine aus und berühre mit meinen Zehen seine Wade. »Erzähl doch mal! Wie ist dein Leben dort?«

Die Sonne kommt hinter den Wolken hervor und ich muss mit der Hand meine Augen schützen, um ihn erkennen zu können.

»Es geht mir sehr gut!« Artjom legt seine Hand auf meinen Fuß. »Eine Familie braucht im Moment Hilfe bei der Renovierung ihres Hauses. Ich packe mit an, dafür habe ich ein Bett und werde versorgt.«

»Und ist es so, wie Lara beschrieben hat?«

Er grinst. »Ja, schon. Mit einem hatte sie ganz besonders recht: Ich habe fast immer Hunger.«

Jetzt muss ich wieder lachen.

»Im Ernst! Ich arbeite wirklich körperlich hart und das Essen ist bescheiden. Aber ich liebe es dort. Die Menschen, die Einstellung, die Musik. Ich liebe es.«

Jetzt, wo ich ihn genauer betrachte, sieht er verändert aus. Die Hände kräftiger, die Haut gebräunter, der Blick entschlossener.

»Und ... du bist jetzt nur hierhergekommen, weil ich fliege?«

»Ja.«

Er überlegt kurz.

»Und ich sehe es als Gelegenheit, noch einen Tag hier zu verbringen, ich habe ein Bett im Hostel. Denn ehrlich gesagt, jetzt, wo ich vorerst in Matavenero lebe, habe ich das Interesse an Barcelona etwas verloren.«

»Welch Überraschung!«

Mein ironischer Tonfall entgeht ihm nicht und sofort kontert er: »Du wolltest doch zuerst nach Barcelona!«

Wieder sehen wir uns an und lachen. Ich fühle mich so vertraut mit ihm.

»Artjom, ich mag dich wirklich sehr, sehr gern!«, sage ich aus diesem Gefühl heraus und er sieht mich an.

»Ja ... aber nicht ganz auf die Weise wie ich dich.«

Ich spüre, wie mir das Blut in den Kopf schießt, und wechsle schnell das Thema: »Wenn du immer so hungrig bist ... was hältst du davon, wenn du hier wartest und ich losgehe und ein Abschiedsessen für uns kaufe?«

25.

Am Ende sitzen wir natürlich wieder bei Brot, Olivenöl und Tomaten, doch dieses Mal möchte ich uns etwas mehr gönnen und habe noch getrocknete Tomaten, Oliven, eingelegte Paprika, Früchte und zwei kleine Gebäckstücke gekauft.

Nachdem der erste Hunger gestillt ist, wischt Artjom sich die öligen Hände an der Hose ab und richtet sich auf.

»Jetzt bin ich aber neugierig: Warum genau ist die Reise für dich zu Ende? Du hast geschrieben, weil Sophie Hilfe braucht?«

Ich bin natürlich noch lange nicht fertig und schiebe mir ein Stück Brot mit Öl und Paprika in den Mund.

»Sophie hatte eine Zwischenblutung und ist in Panik geraten. Letztlich ist mit dem Kind alles in Ordnung, aber sie war in der Situation vollkommen allein«, schmatze ich. »Sie hat gemerkt, dass das doch nicht so einfach wird, wie sie hofft, und hat Angst davor, wieder in so eine Lage zu geraten.« Ich lecke meinen Finger ab und schiele zum Brot hinüber. »Jedenfalls habe ich das Gefühl, es ist meine Aufgabe und mein Wunsch, diese Person für sie zu sein, mit der sie das alles gemeinsam erleben kann.«

Artjom runzelt die Stirn. »Was ist mit ihrem Freund? Ihren Eltern?«

»Der Vater des Kindes, nicht ihr Freund, bestreitet, dass das Kind von ihm sein kann ...«

»... und Sophie ist sich sicher?«

Ich nicke. »Hundertprozentig.«

»Und die Eltern?«

»Eine Mutter hat Sophie nicht mehr, ihr Vater sagt, sie ist eigenverantwortlich schwanger geworden, dann muss sie auch selbstständig handeln.«

»Mies!«

»Sehr! Und ihr Mitbewohner ist vor Kurzem ausgezogen.«

»Das heißt ... du ziehst jetzt zu ihr?«

Ich schnalze bestätigend mit der Zunge. »Exakt.« Dann reiße ich mir doch noch ein Stück Weißbrot ab.

»Jetzt verstehe ich dich. Ich hatte gehofft, noch zusammen mit dir reisen zu können, aber unter den Umständen ...«

»... sehen wir uns auf jeden Fall zu Hause wieder!«

Ich schaue ihm tief in die Augen, ergreife seine Hand und füge dann etwas kleinlaut hinzu: »Oder?«

Er tut so, als müsse er überlegen. »Klar!«, ruft er nach kurzer Pause, beugt sich zu mir und ich will schon ausweichen, doch er drückt seine Lippen nur auf meine Wange.

Die nächsten Stunden verbringen wir damit, uns gegenseitig aus dem *Kleinen Prinzen* vorzulesen, den Artjom auf die Reise mitgenommen hat. Wir wechseln uns ab, liegen uns in den Armen und am Nachmittag schlafen wir irgendwann ein und erwachen erst am frühen Abend wieder.

»Oh!«, rufe ich, als ich auf die Uhr sehe. Doch ich habe noch genug Zeit, bis der Flug geht. Trotzdem möchte ich frühzeitig da sein, schließlich bin ich im Leben erst zwei Mal geflogen und habe Angst, etwas falsch zu machen und am Ende in Barcelona auf dem Flughafen festzusitzen.

Wir essen die Reste auf und ich stecke mir die verbliebenen Früchte als Proviant in den Rucksack. Wehmütig denke ich an die Flasche Olivenöl in der vorderen Tasche, die einzige, die ich in Deutschland haben werde.

Langsam erhebe ich mich von der Decke.

»Ich gehe jetzt.«

»Möchtest du Begleitung?«

»Bis zum Flughafen?«

»Bis zum Flughafen.«

Als wir loslaufen, ergreift er meine Hand. Ich lasse es zu.

Es fühlt sich anders an als bei José, ganz anders. Kein unendliches Herzklopfen, kein schneller Atem, kein roter Kopf, kein Sprühregen, der in meiner Brust explodiert. Aber es fühlt sich richtig an. Warm und gut und sicher. Ich denke, Artjom merkt das. Jedenfalls lässt er meine Hand nicht los. Nicht in der Straßenbahn, nicht als wir aussteigen, nicht auf der Straße und nicht, als wir den Flughafen betreten. Nur beim Check-in, als ich meinen Rucksack auf das Band lege, bleibt ihm nichts anderes übrig. Ich muss Geld nachzahlen, denn wegen des Olivenöls reicht es nicht, mit Handgepäck zu reisen.

»Schon komisch, dass meine Reise jetzt vorbei ist«, sage ich. »Ich dachte, sie würde länger gehen.«

Artjom führt mich zu einer Bankreihe aus Metallgittern. Wir lassen uns gemeinsam auf einem Sitz nieder.

»Ich dachte, sie würde länger gehen mit *dir*«, entgegnet er, doch so sehr ich es suche, ich kann keinen Vorwurf mehr raushören.

Mein Atem zieht die Luft tief in meine Lungen. »Danke, Artjom. Es ist alles anders gewesen als gedacht, und das war gut so. Ohne dich hätte ich mein eingepferchtes Leben nicht verlassen.«

Er streichelt meinen Nacken. »Das haben wir doch schon mehrfach festgestellt: Pläne sind zum Ändern da.«

»Absolut!«

Eine Weile sitzen wir noch gemeinsam dort, dann sage ich: »Ich gehe jetzt hinter die Absperrung.« Rasch erhebe ich mich von seinem Schoß. Er bringt mich noch, so weit er darf. Ich krame in meinem Beutel, um gleich bei der Kontrolle das Ticket bereitzuhaben.

»Also …«, sage ich und denke darüber nach, wie ich ihn verabschieden soll. Dann werde ich von meiner Intuition überrollt und gebe ihm einen flüchtigen Kuss auf den Mund. Schnell drehe ich mich um, seinen überraschten Gesichtsausdruck noch vor Augen. Ich bemühe mich, mich nicht mehr umzublicken. Lasse mein Ticket kontrollieren. Gehe hinter die Wand. Und merke erst beim Ausatmen, dass ich die Luft angehalten habe.

Bilder schwirren in meinem Kopf umher: José, Artjom, Sophie, meine Eltern, wieder José. Ich schüttle ihn heftig, um die Gedanken zu sortieren, doch es gelingt nicht. Was werden meine Eltern sagen, wenn ich zurück bin? Wie werde ich das Zimmer bezahlen?

Werde ich mit José in Kontakt bleiben? Was passiert, wenn Artjom zurückkehrt, was erwartet er von mir?

Ich ziehe meinen Kalender aus dem Rucksack und schreibe all diese Fragen hinein. Etwas Zeit habe ich noch, bis ich zum Gate muss. Eine Postkarte flattert aus den hinteren Seiten zu Boden, die letzte der von Sophie vorgefertigten Karten. Ich hebe sie auf und starre einen Moment auf die unbeschriebene Seite. Da fällt es mir ein, wenigstens einer Sache bin ich mir ganz gewiss. Ich zücke meinen Kugelschreiber, meine Hand zittert ein wenig, doch die Worte auf der letzten Postkarte sind klar zu lesen:

Ich komme, Sophie, ich komme.

Dieses Werk wurde vermittelt durch die Agentur Brauer

Kolbe, Karolin:
Granatapfeltage – Mein Roadtrip quer durch Spanien
ISBN 978 3 522 50511 6

Einbandgestaltung: formlabor unter Verwendung von Bildern von shutterstock.com (© Poprotskiy Alexey; Helena-art; jennyb79; totallypic; katerinarspb; EDN design; kondratya; Abdurahman; Lavandaart)
Innentypografie und Satz: Kadja Gericke
Reproduktion: HKS Artmedia GmbH, Leinfelden
Druck und Bindung: CPI Books GmbH, Leck

© 2016 Planet!
in der Thienemann-Esslinger Verlag GmbH, Stuttgart
Printed in Germany. Alle Rechte vorbehalten.